宁夏大学新华学院一流课程建设项目——中国近现代

地方红色文化资源保护与旅游发展研究

尚久荻 著

北京工业大学出版社

图书在版编目（CIP）数据

地方红色文化资源保护与旅游发展研究 / 尚久荻著. ——北京：北京工业大学出版社，2021.9
ISBN 978-7-5639-8095-6

Ⅰ. ①地… Ⅱ. ①尚… Ⅲ. ①革命纪念地－旅游资源开发－研究－中国 Ⅳ. ①F592.7

中国版本图书馆 CIP 数据核字（2021）第 203973 号

地方红色文化资源保护与旅游发展研究
DIFANG HONGSE WENHUA ZIYUAN BAOHU YU LÜYOU FAZHAN YANJIU

著　　者：	尚久荻
责任编辑：	任军锋
封面设计：	知更壹点
出版发行：	北京工业大学出版社
	（北京市朝阳区平乐园 100 号　邮编：100124）
	010-67391722（传真）　　bgdcbs@sina.com
经销单位：	全国各地新华书店
承印单位：	定州启航印刷有限公司
开　　本：	710 毫米×1000 毫米　1/16
印　　张：	10.25
字　　数：	205 千字
版　　次：	2021 年 9 月第 1 版
印　　次：	2022 年 8 月第 1 次印刷
标准书号：	ISBN 978-7-5639-8095-6
定　　价：	65.00 元

版权所有　翻印必究

（如发现印装质量问题，请寄本社发行部调换 010-67391106）

作者简介

尚久荻，生于1988年4月，女，民族学博士，研究领域为文化人类学，研究方向为文化理论与范式批判。宁夏伦理学会成员。多次参加并获得宁夏回族自治区青年教师教学基本功大赛、宁夏全区高校思想政治理论课教学技能大赛奖项，并在宁夏大学新华学院第七届、第八届青年教师基本功大赛上获得奖项。在全国核心期刊、省级刊物上发表专业论文8篇，主持并完成宁夏回族自治区高校科研项目1项、校级科研项目1项、校级一流课程建设项目1项。

前　言

随着大众生活水平的提高、消费能力的增强及受教育程度的提高，大众旅游的需求日趋多元化。休闲度假、探险、乡村田园体验等旅游形式不断涌现，新型旅游业态迅速崛起。本书按照不同标准对红色文化品牌进行了分类，然后从现实需求出发，旨在发掘红色文化的品牌价值，塑造红色旅游品牌，为构建红色文化品牌的传播体系提供借鉴。

本书第一章为红色文化资源概述，分别介绍了红色文化、红色文化认同、红色文化资源理论三个方面的内容；第二章为地方红色文化资源保护与利用现状，分别介绍了地方红色文化资源保护和发展的必要性、地方红色文化资源保护与利用的原则、地方红色文化资源保护与利用取得的成效、地方红色文化资源保护与利用中存在的问题、地方红色文化资源保护与利用的措施五个方面的内容；第三章为地方红色文化资源与旅游的协同发展，依次介绍了红色旅游相关概念、红色旅游发展历程、红色旅游发展现状三个方面的内容；第四章为新时期红色文化与旅游融合发展的新路径，主要介绍了五个方面的内容，分别是红色文化与品牌建设、红色旅游品牌和城市品牌建设、优化政府职能、红色旅游市场的开发、地方红色旅游多方位协同发展；第五章为地方红色旅游可持续发展的策略，主要介绍了四个方面的内容，依次是重构红色旅游解说系统、加快红色旅游产品创新、加强红色文化资源育人保障体系的构建、推进红色旅游资源保护体系建设。

在撰写本书的过程中，笔者得到了许多专家学者的帮助和指导，参考了大量的学术文献，在此表示真诚的感谢。本书内容系统全面，论述条理清晰、深入浅出，但限于笔者水平，书中难免会有不足，希望广大同行批评指正。

目　录

第一章　红色文化资源概述 …………………………………… 1
第一节　红色文化 …………………………………… 1
第二节　红色文化认同 …………………………………… 9
第三节　红色文化资源理论概述 …………………………………… 12

第二章　地方红色文化资源的保护与利用 …………………………………… 23
第一节　地方红色文化资源保护和发展的必要性 …………………………………… 23
第二节　地方红色文化资源保护与利用的原则 …………………………………… 25
第三节　地方红色文化资源保护与利用取得的成效 …………………………………… 30
第四节　地方红色文化资源保护与利用中存在的问题 …………………………………… 32
第五节　地方红色文化资源保护与利用的措施 …………………………………… 35

第三章　地方红色文化资源与旅游的协同发展 …………………………………… 49
第一节　红色旅游概述 …………………………………… 49
第二节　红色旅游发展历程 …………………………………… 65
第三节　红色旅游发展现状 …………………………………… 71

第四章　新时期红色文化与旅游融合发展的新路径 …………………………………… 88
第一节　红色文化与品牌建设 …………………………………… 88
第二节　红色旅游品牌和城市品牌建设 …………………………………… 98
第三节　优化红色旅游政府职能 …………………………………… 113
第四节　红色旅游市场的开发 …………………………………… 123

第五节 地方红色旅游多方位协同发展……………………129

第五章 地方红色旅游可持续发展的策略………………………138
第一节 重构红色旅游解说系统………………………138
第二节 创新红色旅游产品……………………………139
第三节 构建红色文化资源育人保障体系……………142
第四节 建设红色旅游资源保护体系…………………147

参考文献……………………………………………………154

第一章 红色文化资源概述

随着红色文化旅游市场的日益成熟，关于红色文化资源的研究逐渐成为国内学术界的研究热点。本章主要从红色文化概述、红色文化认同以及红色文化资源理论概述三个方面，整体上对红色文化资源进行深入的论述。

第一节 红色文化

一、红色文化的含义

首先，我们从心理色彩和政治色彩的双重视角来认知"红色"。从心理色彩的视角来看，红色是可见光谱中低频末端的颜色，也是光的三原色和心理四色之一。红色代表着吉祥、喜庆、火热、幸福、豪放、斗志、革命、轰轰烈烈、激情澎湃等。《辞海》对于红色的解释包括了"吉庆；欢乐；吉祥；共产主义；与共产党相关的；革命的；左的；政治的；强烈信仰的；新民主主义时期的；等等"。红色是中国人最喜爱的颜色之一，因其含有喜庆、顺利、成功或是受人重视等寓意。古代社会，金榜题名和大喜之日当事人都会身着红色的华服；辞旧迎新的春节要贴上红对联、挂上红灯笼、点燃红色的烟花和爆竹；女子在梳洗打扮时用到的胭脂和水粉也以红色为主；皇帝批阅奏折留下的印记也被称为"朱批"。

时至今日，华夏儿女对红色的那份热爱经久不衰，依旧会把红色同荣誉、喜庆、珍贵、忠贞等富有进步色彩的话语相关联。从政治色彩的视野来看，自近代无产阶级革命开始，"红色"便被赋予了浓重的政治色彩。红色既象征着牺牲和革命，也象征着理想和信念。中国共产党扛起的大旗被称为"红旗"，八一起义创建的人民军队被称为"红军"，在江西瑞金建立的苏维埃政权被称为"红色政权"。此外，在中国共产党早期的文献中，出现了诸如"红色割据""红色敌后""红色区域"等表述。从新民主主义革命时期文艺界所创造的部分早期作品中,我们也不难发现共产党人对红色信仰的笃定,如党在革命根据地创办了第一份为了推翻国民党反动统治的刊物《红色中华》;在陕甘宁边区,陕北民歌《东方红》表达了人民群众对毛泽东同志及其领导的人民革命的拥护与爱戴。这些都表明,"红色"在广大的共产党人眼中,并不只是单调的色彩,而是马克思主义信念和共产主义信仰的化身。

"文化"一词起源于《易经》。文化的产生,第一步来源于人类认识自然环境,了解天文地理和时空变换;第二步则是人类通过思维和思想意识,去利用和改造自然,生产出为人所用的产物。文化,即人文化成,它是一种人与自然互动的产物和结果,最初主要是指精神方面。西方的"文化"一词最早起源于拉丁语中的 cultura,其词根是动词 colere,原义是耕作土地、饲养家畜、种植庄稼、居住等,这类活动与物质的自然界关联紧密,是人类改造自然以获得适当生存环境的最初尝试。从拉丁语中发展而来的德语 kultur 和英语 culture 最早也有类似的意思。所以,当代学者伊格尔顿明确地说,文化最初是指一个全然的物质过程。

关于文化这个概念,相关定义不少于 200 种,理解也都不一样。文化是一种组织文化,任何一种组织,都要有自己的宗旨、目标,都要把分散的个人的认识、力量统一起来完成一个既定目标,就是大家常讲的凝心聚力。文化建设就是要达到统一认识、凝心聚力的目的。从这个意义看,文化形成必须经历如下过程:首先,认知是文化的基本元素,也是文化的原始形态。比如对语言文字的认知,对科学的认知,对有些推演的认知;再比如对未来的预测、中国梦、理想信念等,甚至一些虚幻的,比如神话,都是各种认知;还有就是行为准则,是物化的认知、制度的认知。其次,认知达到一定程度后,就会产生认同,只是认可没有认同,必然存在矛盾。普遍的真正认同后,会产生共鸣、共振,文化的功能才得以充分彰显。

从直观字面意义上看,"红色"与"文化"连接在一起就形成了红色文化,但这是对红色文化形而上的理解。红色文化虽然诞生于世界社会主义运动和共产主义运动之中,但国外学术界没有"红色文化"这样的提法,在新民主主义革命时期国内的文献中也没有出现任何能够界定红色文化概念的文献。2004 年 7 月,学者刘寿礼首次提出了"红色文化"的概念,他认为"红色文化主要是指红色文化作品及相关的精神"。

红色文化有一个形成、发展、积淀、丰富、创新的文化演进过程,它是符合文化形成规律的,即符合从认知—认可—认同,从而形成共振的过程。从文化形成规律来看，认知是红色文化的基本元素，在有了对红色文化的科学认知后，才能形成对红色文化认知的普遍认可，认可是文化形成的初级形态，认同是红色文化形成的高级形态，没有对红色文化的认可，便不可能形成对红色文化的认同。时下，一些青年群体对红色文化的发展没有一个全面完整的认知，加上一些西方价值观的输入，对红色文化没有一个客观的认知，就谈不上对红色文化的认同，更谈不上信仰，这是我们红色文化传承危机所在。

二、红色文化的内涵

何为红色文化，怎样对它的概念进行界定，学术界并没有统一的说法。多数学者从广义和狭义两个方面对红色文化的概念进行了界定，主要的争议集中在对红色文化所属的时间跨度和红色文化所包含的内容上。有学者认为广义的红色文化应该涵盖世界社会主义和共产主义运动的整个历史过程，而狭义的红色文化则是中国共产党在新民主主义革命、社会主义革命和建设的实践中创造的物质文化和精神文化的集合。也有的学者认为广义的红色文化包含民主主义和社会主义的革命和建设文化，狭义的红色文化则只是中国共产党领导的新民主主义和社会主义革命过程中所体现的物质和精神文化的总和。

对于红色文化的内涵，大部分学者认为红色文化具有政治性。他们认为，虽然红色文化的外在表现形式多种多样，但内涵基本一致，即红色文化是马克思主义意识形态和共产主义理想信念的内在统一，体现着中国共产党人的政治信仰。

学界对于红色文化的内容构成说法不一，有的认为红色文化由物质文化和精神文化两部分构成；有的认为红色文化由物质文化、制度文化和精神文化三方面构成；也有学者将红色文化的内容分为物质文化、制度文化、精神文化和历史文化四个方面，将红色文化涵盖的内容分为四个部分的观点进一步丰富了红色文化的内涵。

三、红色文化的价值

红色文化的价值研究是当前学界的热点，从不同角度研究红色文化，肯定红色文化的价值，更能凸显红色文化的重要作用。学者们对红色文化价值的研究主要是从以下几个方面展开的。

①政治价值。政治价值是红色文化的首要价值，这是由红色文化本身的性质所决定的。建设中国特色社会主义，离不开红色文化。红色文化不仅传播政治意识，引导政治行为，还能协调政治关系，促进社会稳定。除此之外，红色

文化为中国共产党所倡导的主流文化提供了重要素材，是中国共产党政治力量的重要支撑和借鉴。

②经济价值。红色文化的经济价值主要体现在对红色文化资源进行开发利用，围绕红色文化资源开展旅游活动，或是发展红色文化产业上。有学者认为，红色文化已经成为当今市场经济发展的重要动力，它不仅是一种文化资源，也是一种可以带来经济效益的不可再生资源，是经济建设的重要手段。

③教育价值。这一价值在学界已达成共识，也是红色文化价值的最直接体现。党的十八大以来，认真学习和践行红色文化，传承红色基因，不仅是对每一位中共党员的要求，也是对每一位中国公民的要求，与此同时，广大人民群众学习红色文化的热情也日益高涨。红色文化所蕴含的价值理念和理想信念，能够帮助广大青少年树立正确的价值观，红色文化是对青少年进行思想政治教育的重要素材；此外，红色文化能够帮人们树立正确的思想道德观念，红色文化的教育意义在于对公民进行爱国主义教育、理想信念和道德品质教育。

四、红色文化的特征

红色文化是中国共产党在近百年艰苦卓绝的奋斗历程中形成的精神财富，是共产党人乃至多数民众对一系列科学认知的高度认同。红色文化具备文化的一般特点，符合文化的生成规律，是中华民族文化的重要组成部分，同时又具有自己的鲜明特性和特殊效能。红色文化有丰富多彩的表现形式，但其共同具备的特性主要有：①理论性。共产党人的坚定信念，来自马克思主义的科学理论。红色文化与其他任何一种文化的根本区别，在于它的理论性。红色文化的每一个认知，都有着马克思主义的理论依据，符合辩证唯物主义和历史唯物主义观点。②理想性。对红色文化的认同，归根结底是对共产主义最高理想的认同。当然，在不同历史阶段、不同空间环境，最高理想都会具体化为阶段性目标，或形成具体可行的理念、政策，但都要隶属于人类社会的最高理想，否则，难以标榜为红色。③人民性。全心全意为人民服务是共产党的根本宗旨，也是红色文化的根本基础。④革命性。红色象征着革命，革命性是红色文化的本质特征，红色文化就是革命文化。⑤创新性。红色文化总是随着时代进步不断发展，与时俱进。⑥实践性。红色文化不是书本的死教条，而是根植于人民群众的实践中。⑦融合性。红色文化与中华民族文化相融合，广泛吸收其他文化的营养，兼容并蓄。红色文化，尊重劳动、尊重科学，与人民群众的情感紧密结合在一起，表现出强大的生命力。实践证明，红色文化具有许多特殊的效能，主要有：统一意志、凝心聚力；激发内生动力；攻坚克难、创造奇迹；克己奉公、有效制衡私利驱动。我们在把握红色文化的基本内涵的基础上，提出红色文化生成和传承的六个主要特征。

（一）自发形成与自觉创造

从红色文化认同的真谛出发，可以发现，红色文化的形成，可以通过被迫认同形成，即自发形成；也可以通过主动认同形成，即自觉创造。红色文化自觉创造的主动认同，不同于被迫的认同，它是人们"一天天地学会更加正确地理解自然规律，学会认识我们对自然界的惯常行程的干涉所引起的比较近或比较远的影响"，是通过学习和认识规律所形成的认同。红色文化的被迫认同与主动认知始终交织在一起，被迫认同中有着主动认同的因素，主动认同中也存在着被迫认同。自觉认同中，自觉的程度又有不同，"一天天"是红色文化自觉创造的必然过程。

（二）界内凝聚与跨界传播

红色文化的形成，最初离不开地域限制。同一地域内，自然界给予这一地域的自然资源、地貌地形、气候环境是这一地域红色文化形成的基础。由此，红色文化首先是界内的被迫认同。比如井冈山孕育的"井冈山精神"，延安孕育的"延安精神"，西柏坡孕育的"西柏坡精神"，以及大庆孕育的"大庆精神"等，最初都是在某一地域内凝聚而成的。随着活动范围的不断扩大，红色文化也会出现跨界传播，比如"延安精神"在全国范围的传播和学习就是红色文化的跨界传播。只有跨界传播，才能保证红色文化的传承。红色文化的认同必然是先界内认同，再跨界认同，跨界传播又会影响和提升界内认同。

（三）代际传承与断流失传

红色文化的传承性，是红色文化的一个显著特征，红色文化一代又一代的相传，是代际的认同。当今时代，国际社会思想文化交流、交融、交锋频繁，意识形态领域斗争激烈、激荡、激变，敌对势力对红色文化的破坏，拜金主义、享乐主义、历史虚无主义等对红色文化的冲击，使红色基因面临被改变、被稀释、被边缘化的挑战，面临断代流失、退化销蚀、变质变异的危险。如宁夏的西夏文化，在中国古代曾盛极一时，但在公元13世纪突然消失，给后人留下了数不清的难解之谜。恩格斯也曾深刻地指出："某一地域创造出来的生产力，特别是发明，在往后的发展中是否会失传，完全取决于交往扩展的情况……在历史发展的最初阶段，每天都在重新发明，而且每个地域都是独立进行的。"历史总是给我们以经验和教训，在红色文化的代际传承上，要更加警惕红色文化的断代流失，要通过一定的方式加以转化，使红色文化以一种贴近时代、贴近群众、贴近生活的形态展现出来，以充分适应广大受众的需要。

（四）时代性和创新性结合

从红色文化起源、萌芽和发展的各个历史阶段看，它经过了新民主主义革命时期到中国特色社会主义新时代；由国民革命阶段到土地革命阶段，再到抗日战争阶段和解放战争阶段，进而到改革开放阶段以及当今这个阶段，我们很容易看出红色文化拥有明显的时代性特征。上百年来，红色文化在同历史遗留下来的落后反动旧文化对抗的过程中不断发展和进步，积极顺应时代发展潮流，主动适应时代、人民、民族的进步需要，主动面对并解答不同时代遇到的新问题、新情况和新矛盾，与时俱进的实现创造性转化和创新性发展。红色文化在历经时代更迭的过程中，实现了自身的完美蜕变，因此，红色文化才能够在各种时代背景下实现其红色思想理论和红色价值观念的不断创新，为广大人民群众保持初心、开拓创新、实现中华民族伟大复兴的中国梦提供不竭动力。

（五）物化结晶与精神存在

红色文化可以是物化结晶，表现为物质文明。红色文化的物化结晶如革命历史遗迹、博物馆、纪念馆、展览馆、烈士公墓、旅游路线、文学作品、纪念物，等等。只有看到这些，人们才能体会当时革命的艰苦，才能深刻体会红色文化的内涵和精髓。但在新时代，红色文化的物质载体也要与时俱进，以年轻人更能接受的方式来展现红色文化，用跨界思维孵化"网红""爆款"。比如，中共一大会址纪念馆就跨界引入手绘，为"树德里"笔记本赋予"网红体质"。朱红封皮，用压纹形式勾勒一大会址"树德里"石库门的造型，只将匾额用烫金工艺"高亮"，显得简约雅致。翻开内页，20多幅彩绘描绘出"树德里"建筑的细节与内饰，清新的风格即便与市面上的"网红"笔记本相比也毫不逊色。而细节之处往往最见匠心，这个笔记本的书签丝绳的末端缀着一个蝙蝠福字——这不仅是传统文化中寓意吉祥的纹样，更是一大会址区别于其他石库门所独有的过街楼标志。

红色文化又可以是精神存在，表现为精神文明。比如毛泽东思想、习近平新时代中国特色社会主义思想、"两弹一星"精神、大庆精神、航天精神、汶川抗震救灾精神、井冈山精神、苏区精神、长征精神、延安精神、西柏坡精神等等，都是红色文化的精神存在。

（六）信仰坚守与兼容并蓄

红色文化一旦形成，其认同的程度，会通过对理想、信念、信仰的坚守而不断强化，从而能够代代相传。红色文化的传承和发扬，离不开与时俱进和兼容并蓄。井冈山精神、苏区精神、长征精神、延安精神、西柏坡精神等是革命战争年代红色文化的杰出代表；雷锋精神、两弹一星精神、大庆精神、汶川抗震救灾精神等则是和平建设时期红色文化的再造，也体现了与时俱进和兼容并蓄。

在对红色文化的坚守与吸收上，面对着不坚守就不能传承、不与时俱进就不能发扬光大的局面。在坚守上，必须把握好变与不变的辩证关系，弄清楚哪些是不能变的，变了就意味着离经叛道；哪些是可以变的，变了不但没有伤筋动骨，反而更加适应新情况、新实际，更加发扬光大。在吸收上，要把握好哪些可用，哪些不可用，哪些需要改造后为我所用。

五、红色文化的生成条件

红色文化作为中国特色社会主义先进文化的组成部分，有其实践源头和文化源头。新民主主义的革命实践是红色文化的直接实践来源，文化源头即中国传统文化与马克思主义，这也是红色文化的思想理论源头。红色文化是中国共产党领导人民群众创造的新文化，它不仅坚持马克思主义科学理论的指导，而且吸取了中华民族传统文化的精髓，并且丰富和发展了整个中华文化体系。

马克思主义科学理论的瑰宝与民族优秀传统文化构成了红色文化的思想来源，突出体现了马克思主义与中国革命和建设实践相结合的伟大思想成果。中国共产党领导的新民主主义革命，轰轰烈烈，高潮迭起，为红色文化的产生提供了深厚的养分与历史条件。

正是在如火如荼的革命斗争中，中国共产党将马克思主义融入传统文化，形成了科学理论与民族传统文化融为一体、具有鲜明特色的红色文化。

（一）马克思主义是红色文化形成的理论基础

中国近代历史实践表明，中国革命要取得成功，没有马克思主义不行，有了马克思主义，不与中国具体实践相结合也不行。自鸦片战争后，中华民族逐步陷入深重的民族危机之中，面对中国"数千年未有之变局"，先进的中国人为抵御外侮、改变现状，不断探索救国救民的道路。从魏源、林则徐的"师夷长技以制夷"到太平天国的"灭妖抗洋"，从维新变法到辛亥革命，无数仁人志士抛头颅、洒热血，都无法解决"中国向何处去"的问题。正当中国人处于迷茫状态时，十月革命给中国送来了马克思主义。当然，中国先进知识分子是经过深思熟虑与反复比较才最终选择马克思主义，中国人最先接受的是马克思主义唯物史观。马克思主义的传入，为中华民族反帝反封建斗争提供了思想武器，使历经磨难、饱受沧桑的中华民族重新焕发出生命的活力。

（二）民族优秀传统文化是红色文化形成的思想基础

政权的建立需要合法性，民族的存续也离不开其合法性。一个民族的传统文化，无论是物化形态还是精神形态，都是民族得以存续的"合法证据"。中华民族在人类历史长河中历经磨难而不衰，最根本的原因在于中华民族创造了灿烂的历史文化。红色文化不是凭空产生的，不是无本之木、无源之水，它与传统文化有着深厚密切的渊源关系，历史上的民族英雄人物，如岳飞、文天祥等，都可以看到传统文化中开拓进取、爱国爱民、清正廉洁等优秀品质。红色文化深深地根植于中华民族文化的现实土壤中，凝聚和吸取了民族传统文化的精髓。我们党领导人民在革命、建设和改革时期创造的红色文化是以"井冈山精神""长征精神""雷锋精神"等为代表的红色精神，是对中国革命传统文化精神的进一步发展。

像井冈山时期的红色文化就吸纳了庐陵文化，苏区时的红色文化则融合了客家文化。当时很多文化形式采用"旧瓶装新酒"的方式，比如客家旧山歌《十送情郎》，表达男女的缠绵感情，改编后的《十送情郎当红军》，内容革命化了，但保留了爱情的元素。红色文化如果失去对中国优秀传统文化的传承，就不可能对广大深受传统文化影响的人民群众产生激励、引导作用。

（三）新民主主义革命实践是红色文化产生的实践基础

回首过去，人民不能忘记19世纪中后期至20世纪中叶中国那段屈辱的历史。为寻找中华民族的独立复兴之路，无数志士仁人前赴后继，抛头颅、洒热血，无论是农民运动，还是戊戌变法、辛亥革命，虽然最后都因为各种原因以失败告终，但正是由于他们的奋斗，才阻止和延缓了列强灭亡中国的进程，进一步增加了中国先进知识分子对包括马克思主义在内的西方文化的辩证思维和理性认识，从而将马克思主义与中国革命实践有机结合起来，爆发了由中国共产党领导的新民主主义革命。

第二节　红色文化认同

一、红色文化认同的含义

（一）文化认同理论

文化认同理论最初是在20世纪50年代由美国精神分析学者埃里克松提出来的，是指一个社会成员通过在一个民族共同体中同其他成员共同生活而形成的对本民族最有意义的事物的肯定和认可，是个体因为受到所属群体生活方式的影响，而对该群体的生活方式或文化的赞同和认可，这种认同一般通过一定的文化符号、文化理念、思维模式以及某种行为规范表现出来。文化认同的核心就是共同体共享的价值体系，它是一个长期的过程，包括个人认同和群体认同。

文化认同不同于国家认同、民族认同等，它是更深意义上的认同，或者可以说文化认同是国家认同、历史认同和民族认同的基础，文化认同具有更深的内涵。

（二）红色文化认同的概念

红色文化是对近代中国革命、建设和改革发展胜利精神的总结。红色文化认同是中国人民对红色精神、红色遗存和社会制度等革命文化的肯定和认可。红色文化认同不同于一般意义的文化认同，狭义的红色文化本身就是一种革命文化，是以共产党为中心的政党文化。

二、影响红色文化认同的因素

（一）民族优越感

经济基础决定上层建筑，对于某种文化的认同在一定意义上还取决于这种文化给人民带来的切身利益。中国共产党自成立以来，领导中国人民战胜了无数困难，取得了无数胜利。尤其是改革开放以来，人民物质生活和精神生活有了明显改善。目前我国正处于全面建成小康社会的决胜阶段，中国人民的民族自豪感和优越感不断提高，对红色文化的认同度也会越来越高。

（二）社会的支持

社会支持是指个体在接受文化的过程中，国家、集体以及家庭给予的物质和精神上的支持和引导，是个体适应某种文化、应对各种疑惑和压力的重要支撑。改革开放以来的一段时间内，我们忽视了红色教育的重要性，以至于外来文化侵蚀了一部分国人的头脑，开始崇拜西方文化。幸运的是，国家已经意识到文化认同的重要性，我国政府越来越重视中华文化的教育，加强红色文化的宣传和引领，为红色文化认同的形成奠定了基础。

三、红色文化认同的特点

（一）可构建性

人类的文化属性不是先天的，而是由后天成长环境决定的，具有可变性，这种可变性就意味着可选择性，即文化属性或文化认同具有可构建性。心理学研究结果表明，一个人的文化认同形成于儿童期，并在青春期逐渐成熟，但我国学者的研究表明，青少年是形成文化认同的关键期，青少年因为所受教育、生长环境的影响，所形成的文化认同也就有所差别。首先，调查显示近年来越来越多的青少年参与到红色旅游活动中来，主动接受红色教育。其次，党的十八大以来，党和国家高度重视红色文化的宣传和教育，教育从娃娃抓起。从2016年起新改版的小学课本到大学校园里红色文化进课堂活动，处处体现着国家构建文化认同的良苦用心。

（二）稳定性

首先，价值认同和价值观认同是文化认同的核心，文化认同是价值认同的基础，价值认同一旦建立，就具有相对稳定性，不会轻易因环境的改变而改变，也不容易受到外来文化的冲击。其次，文化离不开人的活动，对于人类来说，文化既是对象，也是自我。一方面，文化是人类在认识世界和改变世界的过程中形成的，体现了人的本质特征，是人之所以为人的自我证明；另一方面，文化一旦形成，就独立于人之外而成为客观事实，这种客观事实是不以人的意志为转移的，不管人类喜欢与否，它都客观存在。文化认同是在个体或群体内部形成的文化理念和生活方式，是稳定的。文化的内容是随着社会的发展不断丰富和变化的，但一段时间内的文化内容是相对固定的存在，正是文化内容的固定性，决定了文化认同的稳定性。

四、红色文化认同的价值

（一）培育社会主义核心价值观

社会主义核心价值观是从国家、集体、个人三个层面对价值目标所作的凝练。红色文化本身所蕴含的价值理念与社会主义核心价值观是高度吻合的，是正向关系。红色文化的内涵决定了红色文化的价值，它可以引导人民群众树立正确的人生观和世界观，从而更加坚定建设社会主义、实现共产主义的共同理想以及信念，在增强爱国主义和集体主义方面起到至关重要的作用。

红色旅游发展的重要目标就是实现广大人民群众对红色文化的认同，而对红色文化的认同就是对革命精神的认同，革命精神所体现的是对国家的热爱、对战友的尊重和帮助、对事业的追求和奉献，以及不畏艰苦、排除万难坚定走社会主义道路的行动和信念。强化对红色文化的认同有利于培育广大人民群众的社会主义核心价值观，并进一步在实践中以个人行动为社会主义精神文明和物质文明建设贡献自己的力量。因此，大力传承和弘扬红色文化是培育和践行社会主义核心价值观的重要途径之一，对红色文化的认同，从某种意义上讲也是对社会主义核心价值观的认同。

（二）增强文化自信

文化自信是主流价值观倡导的"四个自信"之一，是对党的十八大所提的"三个自信"的拓展和延伸，文化自信是理论自信、道路自信和制度自信的根基和本质。文化自信是指无论是一个国家、一个民族还是一个政党，要对本身所体现的文化，所坚持的理念给予充分肯定和认同。文化自信不只是一句口号和一个名词，它是建立在对中华民族优秀的传统文化、革命文化和社会主义先进文化充分认知的基础上的，是对这三类文化的肯定和认可。增强文化自信的根本在于提高文化认同。

红色文化涵盖了革命文化和中国特色社会主义先进文化两部分内容，这两部分内容都是植根于中国优秀传统文化中，是对中国优秀传统文化的继承和发展。对红色文化的认同有利于增强广大人民群众的文化自信，增强对我们的民族文化、国家文化以及政党文化的自信。红色文化彰显了共产党人对共产主义理想信念的忠诚，凝聚着广大人民群众为争取民族解放、促进社会进步所付出的心血，是革命文化和社会主义先进文化的高度凝练。通过弘扬红色文化，使革命文化和社会主义先进文化更加深入人心，激发人民对本民族和本国家文化的充分肯定和热爱，抵御西方文化的浸透，进而使越来越多的中国人民更加坚定共产主义信念，更加拥护共产党的领导，激发爱国主义热情，坚定不移地走中国特色的社会主义道路。

（三）抵御外来文化入侵，促进文化安全

对本国文化的认同是本国政治认同的基础，关系到国家的安全和稳定。最好的防御是自身的强大和稳定，文化也是如此，文化和政治相互交融。近年来，一些国外敌对势力和分裂势力试图通过文化入侵的方式达到其政治目的，推行霸权主义，因此，加强中国文化教育，增强国民的文化自信已经刻不容缓，文化认同是国强民富的民心基础。

增强对红色文化的认同，可以增加中国民众的影响力和凝聚力，从而抵御外来文化的侵蚀。在对本民族文化认同的基础上，我们要对外来异质文化区别对待，有目的地吸收或抵御，同时，还要将中华文化传播出去，让中华文化影响越来越多的世界人民，推动中华文化走向世界，为实现伟大的中国梦注入力量。

第三节 红色文化资源理论概述

一、红色文化资源的含义

在人们传统的观念中，资源仅指自然的、物质的和有形的资源。但随着互联网时代信息大爆炸所带来的无穷无尽的知识以及文化对人的深刻影响，人类对资源的认知便超越了自然资源层面，资源成了人类生存过程中需要依赖的一切物质与非物质的要素总和，其中就包含了"文化资源"。红色文化资源与红色文化仅两字之差，在概念上却有着一定的差别。红色文化加上了"资源"二字，也就意味着它拥有了时间性和可利用性等特点，它是被实践证明对人类社会发展进步具有推动作用的存在，是人类文化中能够传承下去、可被利用的那部分内容和形式。

如同红色文化一样，学术界对于红色文化资源的概念表述亦没有形成定论。有学者认为："红色文化资源是我党、我军和我国各族人民在长期的革命斗争中形成的历史遗存，它体现了我党我军的革命精神和优良传统，是中华民族的优秀文化资源，是实现中国梦的精神财富和力量源泉"。也有学者认为："红色文化资源是中国人民在马克思主义理论指导下，在中国共产党领导下，在理论与实践过程中所创造并遗留下来的,以精神与物质形态存在的一种特殊文化形态。它有物质和非物质两大类型。"目前,尚没有政府官方或者权威部门给出"红色文化资源"的具体定义。结合学术界已有的研究,笔者认为:"红色文化资源是中国共产党领导广大人民群众在马克思主义理论指导下,在实现民族解放、国家富强和中华民族伟大复兴的历史征程中所创造并保存下来的物质与精神形态共存的特殊宝贵资源。"经过对红色文化资源的概念进行辨析,我们对红色文化资源可以有如下几点基本认知。

第一,关于红色文化资源的诞生。马克思在《德意志意识形态》中指出:"统治阶级的思想在每一时代都是占统治地位的思想。这就是说,一个阶级是社会上占统治地位的物质力量,同时也是社会上占统治地位的精神力量。"也就是说,统治阶级总是以代表自身利益的思想去统一人们的思想和意志、规范人们的行为。被统治阶级若要推翻统治阶级,不能局限于只是砸毁旧的生产机器和摧毁旧的生产关系,更需要以能够反映阶级利益的思想理论去对抗和推翻统治阶级的旧思想,以新的思想理论去团结和影响更多的人民群众,共同反抗统治者的压迫。列宁在《怎么办》中也论及对无产阶级进行理论灌输进而开展政治斗争的重要性和紧迫性。他指出:"工人本来也不可能有社会民主主义意识。这种意识只能从外面灌输进去,各国的历史都证明:工人阶级单靠自己本身的力量,只能形成工联主义的意识"。这些都充分说明了无产阶级的革命运动必须要有科学的理论资源作为指导。

红色文化资源是在马克思主义指导下,中国共产党领导人民群众在革命和建设的实践过程中形成的物质和精神财富。也就是说,红色文化资源的诞生是中国无产阶级革命的需要。一方面,红色文化资源诞生的先决条件是中国的革命和建设实践,它们是孕育红色文化资源的母体。另一方面,红色文化资源又能够为中国的革命和建设实践提供价值指导、理论支撑和实践佐证。在新民主主义革命时期诞生的红色文化资源,是共产党人反对旧统治和"白色恐怖"的理论武器,它验证了马克思所说的"理论一经掌握群众,也会变成物质力量",指引着无数仁人志士为了实现共产主义的美好愿景而不断奋斗。自诞生伊始,红色文化资源作为重要的思想政治教育资源,就为中国的革命和建设发挥了重要的作用。

第二,关于红色文化资源的形成与发展。马克思主义认为,"发展是新事物的产生和旧事物的灭亡,是以上升性运动为总体特征的"。红色文化资源形成于中国人民陷于苦难的新民主主义革命时期,发展于社会主义革命和现代化建设的各个阶段，虽然呈现出的内容与精神略有差异，但始终代表着中国最广大人民的根本利益，因此深受人民群众的信任与青睐。红色文化资源最为鲜明的特性之一就是与时俱进，它贯穿于中国革命实践和社会主义现代化建设的全过程，并且随着党执政的不断深化和时代的发展而不断丰富其内涵。也就是说，红色文化资源具备时代性和发展性的特征，会在改革开放和社会发展的进程中不断衍生出具有时代感召力的新内容、新精神、新载体，在党和人民的推动下续写出新的篇章。红色文化资源将会在时间和空间的双重场域内无限外延和拓展其内涵。与此同时，我们应该在理解的基础上继承和发展红色文化资源，这也是事物发展规律中"扬弃"的题中应有之义。如在革命战争年代，暴力革命、流血牺牲、建立政权则是当时鲜明的时代主题；社会主义建设时期，我们更多要讲的是勤劳拼搏、锐意进取、发愤图强等充满生产力意味的话语；新时代，随着改革开放和社会变迁的深入，改革创新精神、科学的发展理念、和谐的社会文化、民族复兴的梦想以及抗击疫情精神也必须适时融入红色文化资源的要义之中。在"不忘初心、牢记使命"的号召下，对于红色文化资源的发展，更多的要"扬"，而不能"弃"。对于那些不适应时代发展主题的如暴力革命、武装斗争和阶级斗争等红色文化资源，我们不应忘却，且要结合国家公祭日、国家重大节日庆典等国家仪式将其融入人心中，以此训勉自己不忘共和国的来之不易和革命先烈的无私付出。对于新时代背景下顺应时代发展主题的如改革创新、提高社会生产力以及实现两个一百年等主题，我们更要"内化于心，外化于行"，以实际行动助推红色文化资源的传承与发展。

第三，关于红色文化资源的教育属性。红色文化资源是中国共产党领导人民群众在政治、经济、文化和教育等社会活动中创造出来的物质财富和精神财富，是可供党和全社会开发利用的优秀资源之一。如红色文化资源可以作为旅游资源发展第三产业，可以作为优秀的教育资源立德树人、育人铸魂，也可以作为政治资源用于坚定党员干部的马克思主义信仰等。

结合笔者的研究视域来看，红色文化资源是极为宝贵的思想政治教育资源。首先，红色文化资源的本质属性是意识形态性。红色文化资源诞生在炮火连天的革命战争年代，它既是中国共产党用以宣传马克思列宁主义、推翻反动统治的理论武器，又是党和人民在不同时期生活、生产以及开展教育活动等的鲜明写照。思想政治教育有别于一般的教育实践，它的育人重点是灌输统治阶级的意识形态，培养出意志坚定且维护阶级利益的后备军。因此，红色文化资源的教育功能与思想政治教育的价值追求具有同一性，红色文化资源内在地从属于思想政治教育的范畴。其次，红色文化资源能够为思想政治教育提供丰富的育人素材。理论层面如红色文化资源中的红色精神只能先依托于理论灌输的方式进行传授，但若没有配套的如参观革命圣地、伟人故居或革命纪念馆等实践教学，理论教育的成效会大打折扣。百闻不如一见，榜样教育法和情境教学法是教育客体喜闻乐见的教育方式，它们的优势在于能够让育人客体近距离地感受和体悟。红色文化资源不仅能够为思想政治教育的开展提供精神层面的理论素材，也能够为育人的教学实践提供客观资源层面的帮助。最后，红色文化资源的育人目的与思想政治教育是一致的，都是为了促进人的自由全面发展，培养合格的社会主义事业建设者和接班人。无论是"知情信意行"还是"德智体美劳"，要实现育人客体的全面发展并不可能一蹴而就，必须要经过漫长的过程。在育人过程中，红色文化资源始终能够春风化雨般地"滋润"育人客体的内心世界，规范育人客体的言行，激励他们更好地成长为"时代新人"。

二、红色文化资源的历史价值

红色文化产生于如火如荼的革命战争年代，是马克思主义同中国革命实际相结合的产物。

红色文化资源记录了中国共产党领导中国人民进行民族解放、社会主义建设的历史进程，承载了中国人民不屈不挠的革命斗志和不怕牺牲、艰苦奋斗的英雄气概，因此，承载着红色文化精髓的红色文化资源，具有被历史印证的价值功能。

（一）红色文化资源见证了中国共产党的发展史

中国共产党的发展史充分展现在红色文化资源之中。在波澜壮阔的革命战争年代，中国共产党把推翻三座大山、实现民族独立、解放全国人民作为革命的目标。为了实现这一目标，无数革命先烈抛头颅、洒热血，前赴后继、浴血奋战，与各种反动势力作殊死搏斗，即便献出自己宝贵的生命也无怨无悔。中国共产党为中华民族的独立与解放做出了重大牺牲，始终代表广大人民的根本利益，因而获得了人民群众的坚决拥护，这一切都蕴含在共产党人崇高的革命精神之中，红色文化资源见证了"没有共产党就没有新中国"的历史。

（二）红色文化资源印证了中国特色社会主义道路的历史必然性

在中国共产党成立之前，为实现民族独立、人民解放和国家富强，中华民族一代又一代仁人志士进行了艰苦卓绝的探索，从鸦片战争到太平天国运动，从洋务运动到辛亥革命，实践证明，无论是封建主义还是资本主义，都无法把中国从水深火热中拯救出来。十月革命的一声炮响，给我们送来了马克思主义，在中国共产党的领导下，中国选择了社会主义道路，才使中华民族找到了最终出路。社会主义在中国的胜利，是中国共产党领导中国人民弘扬革命精神，把马克思主义基本原理与中国实际相结合，不断推进马克思主义中国化的必然结果。红色文化资源不仅见证了"没有共产党就没有新中国"，而且印证了"只有社会主义才能救中国"。

三、红色文化资源的当代价值

（一）政治导向价值

有利于加强党的领导，保持党的先进性。红色文化的政治价值是经历了一个十分漫长的发展过程而逐渐形成的，是在中国共产党长期领导中国进行革命和建设实践中形成的一种思想，对我国的发展有着十分重要的作用，能够引领我国朝着正确的方向发展。红色文化具有十分丰富的中国精神，正是这样的文化内涵才能使我国得到快速的发展，并且在国际上站稳脚跟。

有利于帮助人们树立正确的历史观。党的十九大报告中把坚持以人民为中心作为新时代坚持和发展中国特色社会主义的重要内容。我国在开展任何一项工作的过程中，都将人民的需求充分考虑在内，只有做到一切为了人民群众，才能做好我国各项基础性的工作。红色文化能够帮助人民树立正确的历史观，而该历史观的核心是以人民为中心的思想理念。我国很多地区在革命战争时期都进行了武装起义，这种武装起义的指导价值观就是一种敢为人先、心系百姓的革命精神，在未来的发展过程中，应该将这种精神传承和发扬，促进我国社会更好的发展。

（二）经济价值

经济建设始终是国家发展的中心，新时代发展经济仍然是社会主义现代化建设的重要任务。红色文化资源究其内涵和特征蕴含着不可忽视的经济价值，传承和发展好红色文化，对促进我国社会主义市场经济的繁荣和进步意义重大。

第一，红色文化资源为促进社会主义市场经济快速的发展贡献丰富资源。首先，发展社会主义市场经济离不开精神资源，红色文化提供的时代精神、拼搏精神，可以引领中华儿女改革创新、艰苦奋斗；其次，红色文化资源具有高度的不可复制和不可再生性，将其人为转化成文化产品、文化产业，进行资本化创造和产业化的经营，可以为社会主义经济发展创造丰富的稀缺性资源。

第二，红色文化能够提供更加多样化的经济增长方式，促进社会主义市场经济的发展。红色文化的产业化经营和资本化创造为社会主义市场经济的增长开辟了新的路径。例如红色文化旅游产业、红色文化影视产业、红色文化舞台艺术和红色文化教育产业等，在与经济环境融合的过程中，实现了新的产业集群的多点带面快速发展，形成了第三产业的新兴增长极和强大的经济推动力，可以对社会市场经济的发展起到推动作用。

（三）德育价值

有利于帮助学生树立正确的价值观念。红色文化是以共产主义理想和信念为指导思想的文化形式，其中包含了我国共产党人的高尚追求。在传承和发扬红色文化的过程中能够帮助学生树立正确的思想价值观念，引导他们形成正确的信仰。只有从小就培养学生强烈的爱国主义精神，才能坚定学生的价值观念，帮助他们树立高尚的爱国主义情操，这对学生的个人成长和发展具有良好的促进作用。

有利于激发学生的爱国热情。对青少年进行爱国主义教育是我国教育发展过程中的重要组成部分，通过科学有效的爱国主义教育，能够使学生陶冶情操，升华心灵，让学生更好地认识和了解历史，继承并发扬中国优秀的传统文化，时刻铭记革命前辈为我们今天的幸福生活做出的牺牲和努力。

（四）文化传承价值

有利于弘扬民族精神。红色文化资源可以更好地弘扬爱国主义精神、弘扬中国特色社会主义文化。在具体的发展过程中，始终坚持民族精神和时代精神的统一，将与时俱进和不断创新的思想理念充分体现出来。弘扬红色文化精神，能够使我们对共产主义的信念变得更加坚定，同时还能使中国特色社会主义的共同理想得到有效实现。

有利于充分发扬艰苦奋斗精神。红色文化精神具有许多不同的内涵，但是其中最为重要的是要坚持发扬艰苦奋斗精神。我国的革命斗争史可以看作是一部艰苦奋斗史，红色文化有利于推动发扬艰苦奋斗的革命精神。这种艰苦奋斗的革命精神能够对当代青少年进行良好的教育，并且对其行为进行正确的引导，使青少年从小就养成勤俭务实的优良传统，同时，还能对艰苦奋斗精神进行有效的传承，使我国的优秀传统文化得到进一步的继承和发扬。

四、红色文化资源的类型

目前学术界对红色文化资源类型分类的说法亦是众说纷纭，具有代表性的是物质层面和精神层面的二类型说。二类型说说法较为宏观，能够囊括的红色文化资源也较为丰富，但缺陷是过于笼统，不利于学者区分和认知红色文化资源。此外，对于红色文化资源分类的说法还有物质层面、精神层面和制度层面的三类型说。作者在认可这类提法的基础上提出了四类型说：物质形态、精神形态、制度形态和信息形态。

（一）物质形态的红色文化资源

红色文化资源的物质形态，指的是中国共产党领导人民群众在新民主主义革命、社会主义革命和建设以及改革开放的历史进程中形成的、规模巨大的历史遗存，主要以战争、革命事件及重要会议遗迹遗址、人物塑像、革命先烈旧居、革命纪念馆（碑/塔）、烈士陵园、博物馆、展览馆等形式存在。物质形态的红色文化资源遍布大江南北，是数量最丰富、规模最庞大且最容易引人注目的红色文化资源。

第一，战争、革命事件及重要会议遗迹遗址。在我国漫长的革命历程中，留下了许多遗址、遗迹。如江西修水县秋收起义红军第一师司令部旧址、南昌起义司令部旧址、嘉兴南湖中共"一大"旧址、遵义会议旧址、延安中共"七大"旧址等。

第二，人名地点、人物塑像和革命先烈旧居。在漫长的革命斗争、社会建设和改革开放过程中涌现出众多英模人物，他们为党夺取政权以及社会主义国富民强事业作出了巨大的贡献，甚至献出了宝贵的生命。为了缅怀他们的英雄事迹，弘扬其爱国主义情怀，在英模人物的出生地、主要事迹发生地、牺牲地以及长期工作地相继以他们的名字命名相关的城市或是树立雕像。就人名地点来说，如陕西省延安市的志丹县、山西省晋中市的左权县、吉林市白山市的靖宇县等。就人物塑像来说，它是最常见的红色文化资源之一，往往树立于故居、纪念馆、大型广场、公园、校园等具有纪念价值的场所。人物塑像的造型往往能够体现人物的精神风貌和主要事迹，具有较高的文物价值和纪念意义。如为了纪念毛泽东同志和表达对其崇敬之意的毛主席塑像、为了纪念改革开放矗立在深圳市莲花山的邓小平塑像等。革命先烈旧居主要是指革命战争年代，仁人志士曾经生活和工作过的场所，其中以革命领袖人物、左翼民主进步人士的旧居最为瞩目。如位于湖南湘潭市韶山村的毛泽东同志旧居、位于湖南宁乡市花明楼炭子冲的刘少奇同志故居等。

第三，革命纪念馆、博物馆、展览馆以及烈士陵园等历史纪念场所。革命纪念馆、博物馆和展览馆用以纪念革命先烈和警醒世人，地点一般位于市区，交通便利，便于市民参观。这些馆内一般珍藏着革命先烈生前所用到的物品、书稿，领导人的题词以及重要历史事件中的遗留物品等物品，目的是使参观者对革命事件的历程及其社会影响进行思考。如南昌八一起义纪念馆、南泥湾大生产纪念馆、延安革命纪念馆、中国人民抗日战争纪念馆等。烈士陵园的修建是为了纪念烈士和对社会主义有杰出贡献的人物，其占地面积较大，大多数国家级和省级的烈士陵园都配套修建了纪念馆和墓碑等。

物质形态红色文化资源都具备共同的特点，就是视觉冲击力强且极易引发参观者内心的思考与情感的共鸣，能够陶冶参观者的情操。

（二）精神形态的红色文化资源

红色精神文化是党领导全国人民在革命、建设、改革以及新时代的实践中创造的宝贵财富，是红色文化的精髓和灵魂。在中国共产党的百年发展中，孕育出无数可歌可泣的"红色精神"，虽然各个时期红色精神的内涵各不相同，但其精神实质一脉相承、互为整体。这些精神是民族精神在不同历史实践中的锤炼与升华，是激励中华民族百折不挠、奋勇前进的宝贵精神资源。具体而言，在革命时期，有"抗战精神""大别山精神""红船精神""白求恩精神""苏区精神"等；在建设时期，有"雷锋精神""右玉精神""塞罕坝精神""铁人精神"等；在改革开放时期，有"奥运精神""载人航天精神""小岗精神""抗洪救灾精神""上海世博精神"等；在新时代，有"抗疫精神""探月精神""脱贫攻坚精神""工匠精神"等。

在各个历史时期，红色精神文化体现出不同的时代特质，呈现出不同的表现形态，但都充分展现了全党、全军、全国各族人民的爱国情怀、理想信念、集体主义、高尚情操、奉献精神等优秀品质，是新的时代方位下增强社会主义意识形态凝聚力和感召力的优质教育资源。精神形态的红色文化资源突出地表现为新民主主义革命时期、社会主义革命与建设时期、改革开放以来中国特色社会主义建设时期内的各种红色精神。新民主主义革命时期的红色精神，可以按照历史时间轴和总分的结构细分为五类：

第一类，即从中国共产党成立伊始至井冈山革命之前形成的精神，此时的红色精神不多，具有代表性的如"安源精神""'二七'精神""'八一'精神"等。

第二类，即中国共产党领导人民群众在不同的革命历史阶段形成的母体红色精神，如"井冈山精神""长征精神""延安精神""西柏坡精神"等。

第三类，是从属于母体红色精神的"下位"子精神，如长征精神中的"半条被子精神""遵义会议精神"，延安时期敌后大生产运动中诞生的"南泥湾精神"等。

第四类，则是中国共产党领导人民群众开辟的小型根据地和解放区时期形成的红色精神，如"沂蒙精神"和"百色精神"等。

第五类，是中国共产党领导人民群众在"国统区"与敌对势力进行革命斗争时形成的红色精神，其中最为典型的是"红岩精神"。

武装斗争、不怕牺牲、顽强拼搏等是新民主主义革命时期红色精神的共同内涵。

社会主义革命与建设时期的红色精神，可以分为社会主义革命时期的红色精神和社会主义建设时期的红色精神，这些红色精神形成的时间跨度为新中国成立之后至改革开放以前。社会主义革命时期的红色精神主要以抗美援朝精神和北大荒精神为代表；社会主义建设时期的红色精神在许多层面都有所体现，如"农业学大寨"的"大寨精神"、"工业学大庆"的大庆精神和以王进喜同志为先进典型的"铁人精神"，党性和干部层面的"雷锋精神""焦裕禄精神"以及科学技术层面的"两弹一星"精神等。

改革开放以来至中国特色社会主义现代化建设的新时期，精神形态的红色文化资源表现形式多样、成果丰硕。如果说新民主主义革命时期和社会主义革命与建设时期形成的红色精神用过去式来表达的话，那么改革开放以来形成的红色精神就要用现在进行时来表达。随着社会发展过程中重大（突发）事件的出现，党在领导人民群众解决或缓和矛盾的过程中，也会形成相应的红色精神。如改革开放伊始，为了充分调动农民开展生产劳动的积极性，村民立下生死状，按下红手印，签订大包干契约，拉开中国农村改革大幕的"小岗精神"（也称"大包干"精神）；为城市的发展提供导向和动力作用的、被概括为"开拓创新、诚信守法、务实高效、团结奉献"十六个字的"深圳精神"；为激励奥运健儿的斗志以"更快、更高、更强"为核心的"奥运精神"；2020 年在抗击新冠肺炎中形成的"守望相助、英勇战斗、顾全大局、舍生忘死、敢于胜利"的抗疫精神；除此之外，还有在战胜重大灾难过程中形成的抗洪精神、抗震救灾精神等。

（三）制度形态的红色文化资源

红色制度文化是指中国共产党在领导中国革命、建设、改革时期形成的制度、纲领、路线、方针、政策等规范体系。红色文化的生成与发展不仅是自然的历史进程，还伴随着特定的制度环境不断扩充与完善，红色制度文化的发展为建设社会主义制度文化提供前提基础和理论来源。红色制度在规范共产党员和人民群众的行为、鞭策和激励其斗志以及实施功过奖惩等层面具有十分重大的意义。红色制度可以细分为政治制度、经济制度、文化制度以及法律制度等内容。

中国共产党自诞生伊始,就尤其重视国家和政党的制度化建设。在党的一大上,中国共产党人就明确指出中国共产党以"苏维埃"的形式建立政权,为日后代表大会制度的形成奠定了基础。1927年中共五大,首次提出民主集中制是中国共产党的指导原则。同年,毛泽东在领导三湾改编时,创造性地提出了"官兵平等""支部建在连上"的新型建军原则,确保了党对军队的绝对领导,是党建设新型人民军队的一次成功实践。1931年底,中华苏维埃第一次全国代表大会在瑞金召开,会议对人民代表大会制度的模式进行了初步探索与实践。延安时期党的民主模式进一步发展,如采用"三三制"政权组织模式、采取公开竞选的选举模式、实现普选的民主制度、探索建立议行并列的议会制度等,为社会主义政治制度的建设奠定了基础。

又如新民主主义革命时期的"政治协商制度"(最早可以追溯到1924年,在共产国际的帮助和撮合下,国共两党以"党内合作"的形式实现了第一次合作。国共两党的第一次合作具有政党协商的性质。);坚持党管宣传,强化对新闻报刊工作的领导权,建立最广泛的宣传思想文化统一战线,实现文化领导权的文化制度;国共十年对峙期内与土地革命相关的经济政策以及抗日战争时期根据地实行减租减息等相关政策的经济制度;以及新民主主义革命时期颁发的《井冈山土地法》《中华苏维埃共和国宪法大纲》等法律层面的制度体现。以上列举的只是新民主主义革命时期相关的红色制度,新中国成立以来,伴随着社会发展和治国理政的不断深化,已经有越来越多的红色制度呈现在我们眼前。

(四)信息形态的红色文化资源

为了更好地宣传党的理论和思想、发动更多的群众以及凝聚共识,党领导人民群众在中国革命和建设的伟大征程中创作出了不胜枚举的文化和艺术作品,它们题材多样,是联结人民群众的纽带,如革命报刊、诗词、革命先烈著作、革命歌曲舞剧、革命标语等。不同历史时期的红色文化信息资源,分别表达了对马克思主义信仰的坚守,对共产主义(社会主义)的拥护,对新时代美好生活的向往与追求等内涵。它们记录了新民主主义革命以来中国人民的奋斗历程和拼搏姿态,是可以触摸和感知且最容易打动内心的红色文化资源之一。

①革命报刊。为了以工人阶级和人民群众喜闻乐见的形式将马克思主义简明扼要地"注入"他们的头脑,党早期的革命报刊便应运而生,主要包括《新青年》《共产党月刊》《人民日报》《光明日报》等。

②历史伟人著作。历史伟人是为国家解放和建设作出了巨大贡献的人,他们的行动激励着一代代共产党人为了人民的幸福生活而不断奋斗,他们留下的

著作、书信以及诗词是人民群众的精神食粮。就著作来说，如《毛泽东选集》《毛泽东文集》《周恩来选集》《刘少奇选集》《朱德选集》《邓小平文选》等。

③革命歌曲舞剧。红色歌曲（舞、剧）不仅能让人民群众得到感官上的享受，愉悦身心，而且能从中汲取精神力量，受到感化和教育。具有代表性的"红歌"有《义勇军进行曲》《游击队歌》《北京的金山上》等；代表性的红色舞蹈如根据红色歌曲改编的同名舞蹈《映山红》《红星闪闪》等；代表性的红色歌剧有《智取威虎山》《红灯记》《红色娘子军》等。

④革命标语。革命标语是党在新民主主义革命、社会主义革命和建设时期，文字简练、意义鲜明的宣传、鼓动口号，它们的作用是向人民群众宣传马克思主义和党在各个历史阶段的纲领、政策、路线等内容。如井冈山革命时期的"工农专政""参加红军，把军阀彻底打倒，永远过太平日子"；延安革命时期的"红军是第一次大革命光荣传统的继承者""工农商学兵联合起来，打日本强盗"等。

第二章 地方红色文化资源的保护与利用

新时代以来,虽然党和国家领导人多次强调要传承好"红色基因",发扬革命精神的重要性,但社会时代的变迁和网络信息时代的快速发展,以及外来多元文化的侵入,给国人带来了价值取向的变化、价值多元的考验和意识形态的外力作用等多方面影响,对红色文化资源的保护与利用带来了一些困难。本章主要从地方红色文化资源保护和发展的必要性、地方红色文化资源保护与利用的原则、地方红色文化资源保护与利用取得的成效、地方红色文化资源保护与利用中存在的问题以及地方红色文化资源保护与利用的措施五个方面展开深入论述。

第一节 地方红色文化资源保护和发展的必要性

一、加强文化自信的客观要求

"在党和人民伟大斗争中孕育的革命文化和社会主义先进文化,积淀着中华民族最深层的精神追求。"新时代要立足中华民族优秀的传统文化,继续继承和发扬社会主义先进文化和革命文化。党的十九大指出要发展先进文化,加强文化自信。红色文化资源连接着历史与未来,发挥着重要的连接作用,能将强大的文化自信输送给社会主义先进文化,为中国社会的持续进步凝神聚力,是文化自信最不可忽略的精神支柱,可以为加强文化自信发挥提供动力。

二、践行社会主义核心价值观的落脚点

正所谓:"缺失共同的核心价值观,民族和国家就会缺乏凝聚力,很难形成合力来进行发展"。当前环境下,社会转型期已经来临,现实中常会遇到贫富差距、社会治理、生态环境、食品卫生、网络文化、各类文化思潮入侵与冲击等问题,致使一些人丧失信心、丢失信仰,从而影响中华民族应有的英姿气节。新时代需要一种强大的精神力量来抵御各种意识形态带来的别样冲击,需要红色文化资源助推社会主义核心价值观的建设和发展。虽然,红色文化资源并不全是在社会主义公有制经济的基础上产生的,但其内涵和价值取向与社会主义核心价值观一样都带有社会主义的同质性,拥有超越于其所处历史阶段的先进性和与时俱进的时代性。

当下树立正确的价值导向既不能完全照搬"传统",也不能完全摹习"西方",而应牢牢坚持马克思主义,以其作为指导。而红色文化是与马克思主义相一致的文化,同时是践行社会主义核心价值观的落脚点。新时代新形势下,努力践行社会主义核心价值观就必须让红色文化得到更好的传承和发展,让它的"催化剂"功能和"助推器"功能得以体现,使国民的精神境界在红色文化的影响下不知不觉得到提升。

三、提升文化软实力的重要措施

新时代,在经济全球化的作用下,文化软实力代表着一个国家或地区文化的作用力、凝聚力和号召力。当今世界,各个国家、不同文化之间存在着交锋和较量,也存在着交流与合作,在这一大背景下,文化软实力也面临全新的态势与格局,一国文化软实力在国与国之间意识形态的比较及政治斗争中的作用不言而喻。"中国梦"以及我们党所设立的"两个一百年"奋斗目标的最终达成,都离不开文化软实力的提升。红色文化是我国文化软实力的重要组成部分,其蕴含的厚重历史内涵、丰富革命精神和马克思主义中国化的理论都足以作为一面鲜艳的旗帜屹立于世界民族文化之林。因此,要想使我国文化软实力得到提升,必然要将中国红色文化发展好、传承好。

第二节　地方红色文化资源保护与利用的原则

一、保护性开发原则

红色文化资源开发与传统旅游资源开发最本质的区别就体现在保护性原则方面，地方红色文化资源开发一直坚持保护性开发原则。

第一，坚持对地区历史文化资源的保护。形成面向本地区的资源保护体系，并严格按照"保护性开发、利用性保护"的要求，对重大革命遗址、纪念场馆、人物遗物、信件资源等按照国家历史文化遗产地保护办法进行抢救，并在抢救的基础上，按照历史实际对历史遗留资源进行合理开发定位，尽可能维持原貌或者按照原貌进行恢复性建设。

第二，坚持对地区旅游地生态环境的保护。在对红色资源进行旅游规划和开发的过程中，道路、基建、设施等的选点尽可能避开生态敏感区，旅游区域规划要尽可能保护红色资源赖以生存的自然生态环境，减少对当地生态环境的破坏，科学规划开发方式，合理确定红色旅游线路。

第三，坚持对地区民族文化资源的保护。民族文化资源是红色资源的重要组成部分，也是对游客产生巨大吸引力的异质性元素。红色文化资源开发过程必然会对当地的社会、经济、文化、生态等产生较大影响，民族文化的易损性和不可再生性特点，更加要求在开发过程中加强保护，实现可持续发展。红色文化资源地区多为我国著名的革命老区，也正是因为当地特有的淳朴民风民俗，才使革命斗争在该地区得以发展。因此，在开发过程中主要保护当地质朴的民族文化，避免人为破坏。

二、尊重历史、实事求是原则

红色是红色文化资源地区的底色，地区红色资源开发始终坚持"尊重历史，实事求是"的原则。第一，发动党史、文史专家开展地区红色文化历史文献资料的整理、挖掘和编撰工作，将红色历史转化为传承红色基因的生动教材；大力举办对外特色课程培训班，开展专题党课、走红军路程、瞻革命遗址、唱红色歌曲等红色文化体验教育；开设生态文明建设、全域旅游发展、如何打赢脱贫攻坚战等一系列专题培训课程等。第二，对革命人物功过评价、革命事件影响力等分析，在尊重历史实际的前提下，再进行深入保护开发和利用，包括对地区革命史人物的正确评价，并利用革命人物开展爱国主义教育；对革命事件在中国革命中的历史地位进行客观分析,进一步指明中国社会主义事业和党的工作继续前进的方向;对革命旧址保护开发,尊重历史,保留原有的革命精神,在提高吸引力和教育作用的基础上,做到与原有历史史实一致。

新时代背景下,国家大力呼吁和号召发展红色文化,但当前,在利益的驱使下,一些不法分子在开发利用红色资源时,单纯追求利益最大化。例如,在一些网站发布一些不良视频,对大众进行错误引导,对革命英雄和革命精神进行侮辱和抹黑,污染社会视听,对红色文化精神造成了损害。

"和平年代同样需要英雄情怀,不要让英雄既流血又流泪"。红色旅游产业毋庸置疑是伴随着商业价值和利润前景的,但是要在考虑游客需求、市场诉求的同时求同存异地遵守红色资源的本真性和可持续性发展原则。国家广电和各级文化艺术权属单位要对各类影视、文艺作品进行严格审核,进一步规范红色题材艺术类作品的审核标准和流程,坚决杜绝低俗和有背史实的作品出现。国家网络信息、文化等相关部门要完善网络平台的法律法规,加大查处力度和处罚力度,要在网络虚拟世界弘扬正气,纠正有违红色历史、亵渎红色经典的不正行为,肃清网络不良现象,为红色文化的健康发展提供良好的网络环境保障。

三、坚持以马克思主义为指导思想的原则

我国文化事业的发展也离不开马克思主义这一科学理论的指导。实践证明,一个政党、一个国家只有选择了科学的理论为指导,才能在纷繁复杂的外部环境中永葆自身的先进性,才能正确地引领人民群众展开先进文化的建设,才能掌握和运用文化发展的内在规律,才能探索和开辟出一条为人民服务的文化发展道路。中国共产党自诞生伊始,就选择马克思主义作为自身的指导思想,在战争年代,中国共产党将马克思主义和我国革命实践相结合,孕育创造了富有民族特色和时代特征的红色文化。红色文化也伴随马克思主义中国化的进程不断完善,红色文化历经百年传承在新时代依旧具有重要价值,这与马克思主义的正确指导密不可分。马克思主义是人类历史上最先进、最科学的思想理论,是全人类共有的文化瑰宝,是人民群众认识和改造世界的强大思想武器,是指引中华民族取得一个又一个胜利的思想保障。红色文化的发展始终彰显着马克思主义的科学性、人民性以及实践性,展现出马克思主义具有的解放思想、与时俱进、开放发展的理论品质,贯穿着马克思主义唯物辩证法和唯物史观的基本原理,是红色文化百年发展中保持生命力的关键所在。

改革开放以来,尤其是新世纪之后,面对世界多极化和经济全球化的发展

态势，各种西方社会思潮涌入人民群众的生活。我国思想文化领域的交锋与碰撞逐渐激烈，进而导致人们价值取向的多元化和思想观念的多样化，部分信仰缺失和精神懈怠的历史虚无主义者，开始一味地推崇西方的新自由主义，坚信资本主义国家的普世价值论，宣传各种错误的社会思潮，冲击和挑战了马克思主义在我国思想领域的指导地位。马克思曾指出："全球化话语的一个副产品就是文化的回归。"在新的时代语境下，中华民族面临着新的历史考验、新的任务使命、新的发展目标。为了实现中华民族伟大复兴的愿望和目标，为了抵御西方腐朽思想对中国人民的侵蚀，要确保马克思主义这一思想利器的保驾护航作用，要巩固马克思主义在我国意识形态领域的指导地位。红色文化是推动民族复兴伟业实现的精神力量，在新时代的创新发展只有坚持马克思主义及其中国化理论的指导地位，才能保证红色文化朝着正确的方向发展，才能最大限度地凝聚起全国各族人民投身民族复兴大业的意志与力量。

四、特色性原则

特色是旅游资源的灵魂，红色资源开发贵在独特性，资源的独特性是后续开发利用的重要保障。第一，保持地区旅游路线的独特性。结合当地红色文化资源的独特性和自身独一无二的自然环境和人文环境，打造精选旅游线路。第二，保持当地红色文化资源的独特性。深入挖掘发生在当地的红色故事、当地户籍英模的成长历程和烈士的英雄故事，提高旅游资源的多样性和新颖性。第三，保持当地红色教育的独特性。全方位、多途径开展爱国主义教育活动，围绕"吃一顿红军饭、唱一首红军歌、走一段红军路，让红色精神入耳入脑入心"，弘扬红色文化，传承红色基因。第四，保持红色教育的独特性。如河南信阳编撰出版《鄂豫皖革命纪念馆》《鄂豫皖革命历史之最》《北上先锋》等红色教育读本，创作演出《八月桂花遍地开》等一批红土地歌谣歌剧，编写《彪炳史册的大别山精神》《大别山精神普及读本》《大别山红色诗词》《大别山红色歌曲》《邓小平在大别山》等红色书籍。旅游资源贵在稀有，其质量在很大程度上取决于它与众不同的独特程度，即特色。有特色，才有吸引力；有特色，才有竞争力。

五、协调性原则

地区红色文化资源开发要充分结合当地生态环境实际，实现红色资源与自然资源、人文资源的协调有序发展。第一，红色资源开发要与整个地区的生态环境相协调，既要突出红色旅游资源的特色，又要与自然生态整体和谐，使整个规划设计流畅、自然、美观，使游客的观感舒服、自然，提高区域资源吸引力。第二，红色资源开发要与整个地区的人文环境相协调，朴实的民俗文化和乡村风貌，是红色革命胜利的重要因素，正是由于朴实无华的民众的支持，才推动革命一步步走向胜利，今日的胜利与人文环境密不可分，因此，要充分将人文因素加入红色资源开发过程中。第三，红色资源开发要遵循整体协调性，包括与主体自然景观、基础设施等的协调，需要经过专业科学的规划，提高整体设计，做到统筹考虑、合理规划、全面系统。

六、坚持以人民为中心的价值导向原则

中国共产党自诞生伊始，就将人民放在首位。伴随党的百年奋斗逐步形成和发展的红色文化，也将人民立场贯穿于其发展的全过程。首先，红色文化的发展主体是人民。人民群众是历史的创造者和社会变革的主导者，是推动社会发展进步的重要力量。新时代红色文化的创新发展必须搞清楚是为谁创作、依靠谁创作的问题，人民群众是红色文化传承和弘扬的主要力量，人民群众的生活实践是红色文化不断创新和发展的源头活水，红色文化只有立足于人民，坚持人民的主体地位，从人民群众的具体实践中汲取创新灵感，创作出的红色文艺作品才能展现人们最生动和最基本的生活，才能传达民众心声。新时代红色文艺工作者只有通过开展实地调查研究，深刻掌握民众生活状况，把握群众思想动态，创作出的红色文艺作品才能引起共鸣，人们才能从红色精品中获得激励和鼓舞。其次，红色文化的发展服务于人民。红色文化的传承与创新是为人民服务的，在不同阶段创造的红色文化成果是全体人民共同的财富。中国共产党早在延安时期，就确立了文艺创作是为人民服务的文艺发展方针。革命年代，党在展开政治建设的同时也高度注重人民群众的精神需求，在秉持以人民为中心的发展理念前提下，创作出了众多革命题材的红色文艺作品。在建设时期，红色文化在文学、影视、戏剧等方面精品迭现，创作了一大批流传至今的红色经典，进入改革开放新时期，党开始重视红色文化资源的开放和利用，红色旅游、红色影视、红歌等蓬勃发展。在不同历史时期，红色文化的发展都是为了人民，取得的文化成果都极大地满足了人民群众的精神文化需求。

七、生态优先原则

地区红色文化资源保护利用过程中始终坚持"生态优先"。一是坚持绿色发展。坚守"绿水青山就是金山银山"的理念，努力实现生态建设、环境保护与旅游产业发展同步推进。把旅游产业培育成转化生态价值、传播和分享生态

文明的美丽产业，发展成资源节约、环境友好、生态共享的绿色产业。二是坚持对旅游地生态环境的保护。在对红色资源进行旅游规划和开发过程中，道路、基建、设施等的选点尽可能避开生态敏感区，旅游区域规划要尽可能保护红色资源赖以生存的自然生态环境，减少对当地生态环境的破坏，科学规划开发方式，合理确定红色旅游线路。

八、"立足长远，科学规划"原则

地区红色文化资源保护利用过程中始终坚持"立足长远，科学规划"的原则，围绕建设"全国知名的红色生态旅游目的地"的目标，按照习近平"要把红色资源利用好、把红色传统发扬好、把红色基因传承好"的要求，充分发挥地区红色旅游资源优势，通过发展红色旅游，进一步释放教育功能、社会效益，提高经济效益。例如，河南信阳市在红色文化资源开发利用过程中，逐渐形成以新县鄂豫皖苏区首府景区等经典景区为核心，强化与光山、商城、潢川、罗山、浉河区红色纪念地的互联互通，积极争取浉河区四望山、新县箭厂河革命旧址群等五个景区列入全国红色旅游经典景区名录并开工建设的局面，进一步完善红色旅游体系，拓展红色旅游线路，塑造信阳大别山革命根据地红色旅游品牌，实现革命历史文化遗产的有效保护和合理利用。

九、经济效益、社会效益和环境效益相统一的原则

红色文化资源开发的初衷是要弘扬革命精神，也希望能在弘扬精神、提高宣传教育效果的同时，为地方经济发展助力。因此，地区红色文化资源开发一直坚持经济效益与社会效益、环境效益相统一的原则。第一，开发利用好当地红色文化资源，把现有的资源优势转化为经济优势和产业优势，是弘扬民族精神、推进社会主义精神文明建设的需要；是推动新一代青年教育，使其加强对中国近现代史了解，坚定青年人革命信念的需要；也是响应中央发展红色旅游，促进老区人民脱贫致富政策的需要，更是发展区域经济、推进和谐社会建设的需要。第二，在追求经济效益同时，追求社会效益与生态效益的统一，三者相互协调，并以生态效益为第一指导原则，只有达到生态效益和社会效益最大化，经济效益才能更好地实现。

第三节　地方红色文化资源保护与利用取得的成效

一、有效助推文化产业经济的快速发展

文化是经济发展不可或缺的一部分，能够推动新时代文化产业经济的快速发展。红色文化在经济增长点、新兴文化产业和资源多样性方面为文化产业经济的进步和未来开辟更为广阔的空间。首先，红色文化为文化产业经济提供了新的增长点，其中影视文化势头最为强劲，掀起一片热潮。《建军大业》上映三天票房便超过了一亿；《红海行动》票房超过 36 亿；《战狼 2》更是冲破了 50 亿票房，突破了华语电影的票房天花板。2021 年 4 月 23 日—4 月 25 日雨花台烈士陵园管理局原创交响组歌《雨花台——信仰的力量》在国家大剧院连续上演，观众累计达数万人。其次，红色文化作为一种新兴产业文化为文化产业经济发展注入了新的活力。作为红色文化产业的代表，红色旅游以其迅速发展的势头成为国内旅游业的领头羊。《2017 年红色旅游影响力报告》（人民网舆情监测室）数据显示，在红色旅游领域，全国近三年来接待的游客近 35 亿人次，相关收入接近 9300 亿元。仅 2016 年度，全国接待红色游客人次比 2015 年提高了 11.7 个百分点，接近 11.5 亿人次，相关收入同比提高了 17.2 个百分点，超过 3000 亿元大关。作为国家命名的全国 100 个经典红色景区之一的雨花台景区，利用最好的资源、最优的服务、最大的便利，着力打造一流的高校思想政治教育基地，2020 年全年接待参观者达 100 万人次。炙手可热的红色旅游业不仅推动了旅游行业的进步，红色纪念品、红色收藏品、红色文创产品以及红色旅游景区文化产品等附属衍生品，更借此东风得到前所未有的发展。最后，红色文化作为革命时代的产物，为促进文化产业经济快速发展，提供了宝贵的精神资源和文化资源。红色文化包含着促进社会发展以及生产力的发展的精神内核、百折不挠和艰苦奋斗的拼搏进取精神和顺应发展规律、实事求是的科学求真态度为文化产业经济注入了强大的精神动力和智力支撑。

二、助力青少年思想政治教育工作实践

"要引导青少年学生爱国爱党，努力使他们具备爱国情怀，使爱国主义精神深入他们心中，立志扎根人民，为国家做出应有的贡献，永远听党话跟党走"革命先辈奋斗牺牲形成的红色精神，亟待青少年去传承和发扬。现阶段，不论是在课堂教学的制定方面，还是在教学实践和校园文化建设方面都不同程度地

融入红色文化、红色精神。

首先，在青少年培养方面，红色文化早已渗透至各个教育与学习阶段，中小学已经把红色文化纳入于语文、历史学科中，高校把红色文化引入到"两课"教学、通识的课程中。红色文化分别以图片式教育、史实讲解、理论阐释及政治引导等形式融入课本内容和课堂教学。

其次，以红色文化为主题的教学实践逐渐成为引导青少年提升社会责任感的重要切入点。如中小学红色课题的研究与学习旅游、红色夏令营；再如高校社会实践教育的重要载体"三下乡"的"井冈情·中国梦"和"追寻红色足迹·情系圣地发展"等专项社会实践活动，让广大青年学生在体验红色文化、调研红色革命史实、重新感受红色历史的同时深度理解红色文化的精神内涵，助力大学生革命传统和爱国主义教育。

最后，在校园文化建设中很好地融入红色文化。越来越多的学校将党建、团建工作与红色文化教育相融合，如党史与"四史"教育、讲英雄历史、缅怀革命先烈等，积极组织学生观看《建国大业》《建党伟业》《南京！南京！》《决胜时刻》等红色经典影视剧和文献纪录片，让广大青少年学生沉浸在红色文化的强大思想环境和精神氛围中，进一步提升自我价值认知力和鉴别力。

三、地区红色文化综合效益日益凸显

随着地区红色旅游资源宣传效果的显现，旅游人数逐年递增。红色文化资源地区紧抓红色旅游热的产业需求，加大对当地山水林田湖人文资源的整合力度，推出乡村休闲、生态观光、红色教育等多样化的旅游产品，满足旅游消费群体日益多样化的旅游需求，同时进一步增强对外旅游吸引力。而红色旅游方面，以革命英烈故里景区或纪念馆为重点的旅游观光场所，通过对红色教育理念、教育途径、参观方式等的改变，融入高新技术，增强了革命教育理念，进一步夯实了爱国教育基地的地位，吸引全国各地的党员干部和学校前来参观。据统计，"十三五"期间红色旅游主题带动的全旅游产业呈现持续快速增长的趋势，红色文化资源的经济带动作用日益凸显。从乡村经济发展来看，大部分革命老区，存在大量贫困县域和村落，而红色旅游产业的兴起，带动它们参与到旅游带动经济发展的规划中来，随着政府大力开展旅游扶贫工作，很多贫困地区的基础设施有了很大程度的改善，进而为经济发展奠定基础。

四、持续推进教育示范基地的建设和发展

红色文化教育示范基地是红色文化传承和进步的关键承载点。近年来，国

家加大相关投资,陆续开发和建设了一大批红色文化和爱国主义教育示范基地,分别在2001年、2005年和2009年确立了三批红色文化教育基地,这些教育基地多为各省市重要的革命遗址、革命纪念场所、博物馆和烈士陵园等。时至今日,全国的红色文化教育示范基地已达400余个,为红色文化的推广和爱国主义的宣教打下了很好的基础。各地各级部门也对革命纪念地、遗址遗物进行了修葺和维护,各企事业单位的党性教育活动、思政教育活动和团建活动已开始选择在红色文化教育示范基地进行。

笔者走访了延边红色教育示范基地,经实地调研,延边依托各类革命时期遗址遗迹、纪念场馆研发了实践教学点20余个;打造了能够满足不同教学班次需要的2~7天教学路线近10条;组成了以理论、现场、情景、体验、视频、研讨教学等多形式的立体化、全方位教学体系。教学点全景展示了原东满地区14年抗战中艰苦卓绝的斗争历程,从中归纳提炼了"遵守纪律、忠贞不渝,民族团结、共赴国难,顾全大局、敢于担当"的红色教育主题;引领广大干部群众体悟东北抗联精神,内化于心、外化于行;在党性修养锤炼上做到"遵守纪律、忠贞不渝";在深化改革实践中做到"顾全大局、敢于担当";在民族复兴的伟大历史进程中做到"民族团结、共同繁荣"。

第四节 地方红色文化资源保护与利用中存在的问题

一、红色旅游景区利用规划专业性不足

目前,地区红色资源开发利用普遍存在规划设计深度不够的问题,主要表现为革命遗址、革命纪念馆、革命遗物、文件文物等的展示和陈列方式雷同,且对资源的讲解也存在内容雷同、形式单一等问题,缺乏对不同地区不同遗址的深层次开发,难以对游客和参观者产生强烈的吸引力,更加难以传达革命精神。我国部分地区红色资源分布众多,不同县市开发各自为政,难以形成统一规划设计,严重分散客流量,且重复性、雷同性现象明显,导致在旅游线路的设计上存在较大困难,影响地区旅游市场的开发;另外,受各自规划设计影响,不同县域景点连通性不强,也导致地方红色资源开发难以统一。基于此背景,目前地区红色旅游远不及历史文化和生态旅游的吸引力大。

二、红色文化资源保护与发展方面的人才缺失

红色文化的体现形式应是丰富而多样的,可依托教育阵地、革命老区、影

视美术、文艺创作、文化旅游等路径传承并发展。在各种传承和发展领域，人才的作用是不可忽视的。而现今，对传播红色文化的人力资源的培养、发展和规划的体制机制并不健全，人才发展晋升受限。一些革命老区的年轻人对其先辈的革命事迹没有进行系统的总结和凝练，加之因他们知识水平有限和掌握的宣传渠道单一，本地区的英雄事迹，随着年代的更替，逐渐被遗忘，其丰富内涵和精神也慢慢被淡忘，无法一代一代地传承下去。

笔者实地走访了一些东北抗联的红色教育基地，通过学习、交流和调研发现，很多革命英烈的后辈或当地百姓愿意把地区的英雄事迹分享给一些专业人士和前来观摩学习体验的团队，但由于从事这方面宣传和教育的人才不多，已有并投入使用的红色旅游景区、红色教育基地数量相对较少，从事讲解或党性主题教育工作的团队不够成熟，加上在人力资源配备、人员发展平台建设、用人体制机制及薪资待遇方面还尚未形成正规的制度，本地红色文化的传承和推广遇到前所未有的障碍和困难。

目前部分地区的旅游服务人员以当地居民为主，饭店、宾馆、景点讲解人员等综合素质和专业水平明显不足，服务质量不高。受专业知识和文化水平影响，部分讲解人员缺乏对革命历史的深刻体会，对革命思想和英烈们的事迹更是理解不深、认识不到位，进而难以将革命精神进行精准传递。另外，信息化时代，红色资源的开发离不开高科技人才，红色资源开发的科技化、虚拟化需要专业性人才，红色产品展示形式的多样化、纵深化更加需要人才支持。

三、红色文化资源开发深度不足，开发档次有待进一步提高

当前部分地区对红色资源的开发仍然以革命遗址为重点，开发利用的方式也以传统的参观、游览为主，参观者很难与红色资源进行互动，且大部分遗址或纪念馆的参观形式和展示内容也存在较大重叠，很少与当地自然资源形成协调统一，难以对参观者产生强烈吸引力。另外，很多地区的红色资源开发档次也有待进一步提高，以新县为例，新县作为鄂豫皖苏区的红色首府，红色资源、自然资源极为丰富，且依山傍水，原本是极具江南特色的江淮小城，但是受城镇化影响，原有的独具南方特色的小城镇大多被高楼大厦覆盖，难以找寻山水优美的小城之美。

四、红色文化资源的保护工作存在不足

红色文化资源包括：遗址踪迹类红色文化资源、建筑与设施类红色文化资源、重要革命历史文物、重要文艺作品等。对于红色文化资源，我们既要注重

有形遗产的保护，又要注重无形遗产的传承，大力弘扬红色传统。革命博物馆、纪念馆、党史馆、军史馆、领袖故居、烈士陵园等红色馆舍是党、国家和军队的红色基因库，是一本"红色历史书"。而在倡导开发挖掘红色文化资源的同时，要树立保护与开发并重、保护为主开发为辅的理念。一些地区的红色文化资源虽然大部分已经被列为省市级以上重点保护区域，但仍然存在很多对尚未开发的红色资源，包括红军革命战争时期的山洞、宣传标语等保护不足的现象，导致历史遗址和文物遭到严重破坏。所以，对红色文化资源的保护除政府要增加保护措施和出台相关政策外，还需要进一步加大对红色资源保护的宣传力度，让公众自觉、自发地参与到红色文化资源的保护工作中来。

以某省某市为例，其实属抗日战争时期华北地区的重要战场之一，其红色文化资源有着分布广、数量多、资源等级高、影响力较大的特点。虽然该地区对红色文化资源保护的级别并不低，但实际的保护工作却不到位。一是对已普查到的红色遗址保护不力，在全市134处革命遗址中，列入市级以上文物保护单位的仅16家，占比11.9%；革命老区现有革命遗址51处，纳入保护范围的仅6处。不少革命遗址由于年代久远、保护不力、城市建设、人为破坏等原因，发生了不同程度的残损、倒塌；此外还有不少遗址处于闲置状态，杂草丛生、状态较差。二是对已纳入文物保护单位和爱国主义教育基地的革命遗址的保护也不尽如人意。如某村的窑洞大多接近损坏的状态，亟待抢救和修复。因此，红色文化资源的保护工作任重而道远，民间修复和民众自发的保护能力极其有限。

五、对红色文化资源的保护与利用缺乏统筹规划和立法保障

从目前我国部分地区出台的一系列对红色文化资源进行保护利用的政策来看，大部分政策仍是对红色文化资源的开发和红色旅游产业的扶持，而针对当地红色文化资源保护的总体规划还未出台。正是由于缺乏从顶层到地区整体资源的摸底和科学规划，目前部分地区红色文化资源的保护与利用工作处于出现问题、解决问题的处境，缺乏具有针对性、本地化的指导建议。这种现状带来的问题是，有些问题还未发现就已经给红色文化资源带来损失，而有些问题在发现时已经难以抢救和弥补；另一方面，部分地区红色文化资源众多，很多资源界定尚未完成，导致红色文化资源底数不清，给总体规划和设计带来困扰。另外，立法机制的不完善，也导致红色文化资源的开发保护缺乏法律保障，导致政策和措施的实施受到阻碍。

六、对红色文化资源保护认识不足

旅游业对地区经济发展的拉动作用在逐年增强，影响力在不断扩大，但部分县（区）对红色文化资源保护认识不足，本地区的红色文化资源损失或破坏严重，很多地区在对红色旅游资源开发过程中，仍然用传统的旅游发展思维来谋划旅游发展，缺乏对旅游业发展的保护性措施，导致旅游产业对红色文化资源的破坏严重，后期维护成本也随之增加。红色文化资源的保护措施一般来说投入较大，但经济效果却并不显著，很多政府为追求短期政绩，往往对旧城改造或新农村建设的投入更大，导致很多红色文化资源的保护工程一再滞后，进而导致红色文化资源在缺乏充分保护的情况下，破坏现象更加突出。正如前面所说，红色文化资源的保护工程经济效果见效慢，政绩不明显，导致很多革命遗址难以得到及时的保护，进而造成有些尚待开发的红色文化资源遭到严重损害，甚至为迎合新农村建设和旧城区改造而被人为拆除，从而带来难以挽救的损失。而有些偏远的非旅游区的红色文化资源，由于缺乏相应的维护管理措施，自然损毁现象非常严重。另外，有些偏远地区，受经济因素影响，加上政府单位、干部的红色文化资源保护意识匮乏，导致一些尚未发现或者尚待考察开发的资源受到严重损毁。

第五节　地方红色文化资源保护与利用的措施

一、加强红色文化资源保护的宣传教育

红色文化资源是革命战争时代先辈们留给我们的宝贵精神财富，是我们了解历史、了解英雄人物、进行爱国主义教育的鲜明素材。保护我国各地区独具特色的红色文化资源，宣传教育活动是必不可少的一步。

地区红色文化资源保护的宣传教育可分为两个大的方面。一是以学校为宣传窗口，当地的教育部门可以依据课程标准的新要求，积极开发红色文化校本课程，把红色的历史和精神内涵教育纳入学校日常教学计划，也可以定期组织学生参观红色文化展览馆，促进学生一代对红色历史的了解，激发学生一代对红色文化的热爱。

二是以社会为宣传窗口，地方相关文化部门可以印发本地红色文化资源宣传手册，以宣传手册为载体进社区、进机关单位，宣传当地党的光荣红色文化传统。也可以扩大宣传面，通过讲座、网络普及等活动，扩大红色文化资源保

护的受众面，提高公众对红色文化资源保护重要性的认识，使更多公众增强红色文化资源保护意识，营造全民学革命传统、保护红色文化的社会氛围。同时，各类地方新闻媒体及公众号，都可以通过线上线下开设红色文化资源保护宣传教育的专栏，大力发挥媒介的传播力量和舆论监督作用，宣传保护红色文化资源的重要性，及时曝光损害红色文化资源保护的事件。通过社会团体、组织及新闻媒介，加强对红色文化资源保护的宣传教育，唤醒公众的文化主动性，努力提升社会公众对红色文化资源保护的意识，营造良好的社会红色文化资源保护氛围。

二、加大对红色文化资源的保护力度

红色文化是中国革命史最直接的文化表现，其对中国革命有最深刻、最深沉的体现和表达。如今，先烈长眠，硝烟已散，但为后人留下的革命文物和战争遗址及它们所承载的辉煌历程与不朽精神，铸就成永不褪色的丰碑。在我们大力呼吁传承和发展红色文化之余，一方面看到的是，政策条件的鼓励、遗址文化的开发，另一方面我们也不能忽略在追求利润、商机和盲目发展的过程中，人们对红色文化资源的开发利用缺乏科学性、合理性和可持续性的事实。我们作为红色文化资源的继承者和传承者要在可持续发展的前提下，把这些历史传承的宝贵财富好好地利用起来。

现在社会环境下，红色文化的传承和发展要尤为注重、考虑和探索将历史性、客观性与观赏性、体验性相结合，充分体现时代特征。伴随着网络信息技术的飞速发展，红色文化的传播手段也愈发多元，我们可以借助网络信息技术在移动客户端进行信息共享和数据整理，针对文化文献、科研成果和图片影像等建立红色文化资源的数字化档案，从而构建完整、真实的红色文化资源信息管理系统，对其进行实时监管和保护。

在维护保护红色历史遗迹、遗物的过程中，国外的一些先进技术对物质文化遗产和非物质文化遗产的修复效果很好，可以有针对性地引入，力争尽可能地修复、还原和保护，让我们的红色文化遗产能够长久地传承下去。

三、以制度为保障，优化保护管理机制

红色文化资源保护是一项系统的工程，因此，必须以制度为保障，优化保护管理机制，才能更长久地对红色文化资源进行保护。红色文化资源保护，要加强法制建设，优化管理体制机制，规范红色文化资源保护工作，针对当地红

色文化资源保护的矛盾与问题，要紧跟时代的步伐，以改革为动力，深化体制机制改革。

法律可以为国家的平稳运行，经济社会的有序发展提供坚实的保障，健全的法律体系可以让人民群众的利益得到保障。新时代，对红色文化资源的保护和利用需要国家、社会和人民群众的共同努力。然而在现实生活中，现阶段红色文化资源发展和保护中出现了很多不合理的情况，比如"重表面、不深入、难控制"等现象。其原因在于国家尚未形成较为完善的有针对性的法律条款，同时也未形成关于红色文化资源的保护机制。仅仅依靠人民群众自发性的保护是远远不够的。法律是道德的底线，也是统治阶级统治被统治者的手段，没有法律作为支撑和保护，很难对红色文化资源进行实质性的保护。

虽然，相关部门出台了若干关于对红色文化资源进行修缮、保护的文件，但是在法律层面的力度还稍显薄弱，在对红色文化资源保护的从业人员层面投入不足，在社会执法部门的设立上还存在空白，一些城市在发展过程中没有注意对红色遗迹进行保护，修缮遗迹时存在破坏的问题。针对这些现象，要制定和完善相应的法律条例，对随意破坏、损毁红色文化资源的单位和个人追究责任、严厉查处。从而形成人民群众共同保护、维护红色文化资源的凝聚力，让全社会都形成对红色文化资源保护的良好习惯，使红色文化资源能够在重科学、有体系的情况下得到传承和发展。

此外，当地各级文化部门可以以中央发布的最新文化体制改革方案等为基准，及时明确文化保护的新要求，积极完善地方红色文化资源相关管理机制，使红色文化资源保护制度依法依规。红色文化资源保护工作的开展，要统一行使管理职能，简化管理流程，逐步建立起集管理、开发于一体的资源保护机制。在此基础上，发挥当地文化等相关部门的主观能动性，推动地方红色文化资源保护工作有效开展。

四、丰富红色文化资源表现形式

（一）与文艺作品相结合

新时代，红色文化资源的传承与发展要充分与文艺作品相结合。要充分挖掘红色文艺作品的时代特点，加大红色现实题材创作的力度，充分发挥载体作用，使红色文艺作品深入社会各个领域。

首先，要更加深入挖掘红色文艺作品的时代特点。红色文艺作品有着培根铸魂、凝神聚气的作用，它是从时代大潮中孕育出来的，在不同的历史时期呈现出不同的景象。进入新时代，红色文艺作品应当与时俱进地顺应现代受众的口味，大胆尝试与以往不同的表现形式、手法和技巧，推动红色历史经典的再创作、再传播和再还原，让红色文艺经典再次焕发出惊人的时代魅力。如第二十一届中国上海国际艺术节的红色题材"三部曲"，即原创沪剧《一号机密》、舞剧《永不消逝的电波》和杂技剧《战上海》。此三部作品，通过不同的艺术表现样式，在情节的展示方式上与以往有所不同，运用"蒙太奇"的艺术手法，打破了之前传统的叙事方式，并加了很多肢体语言进行表达，凸显了现阶段的社会特征。学者毛时安曾指出，红色题材在如今的时代背景及所面临的受众情况下，必须要推陈出新，创新的艺术理念正是上面几个作品的优势所在。

位于上海市静安区（原闸北区）光复路1号的四行仓库抗战纪念馆，在电影《八佰》上映之前，大家对于纪念馆址及"八百壮士"涉及的中国国民革命军第三战区88师524团的故事知之甚少。但经电影银幕的精彩呈现，不仅使这段红色历史得到了大范围的普及，同时遗址纪念馆的客流、经济效益也实现了短期倍增，真正实现了红色文化与文艺影视作品相结合、多方面共赢的良好效果。

其次，需要创作更多的红色现实题材作品。应当积极引导、呼吁广大文艺工作者增强创作意识，努力挖掘革命历史、先进事迹以及老百姓生活之中蕴藏的红色素材，鼓励广大文艺工作者创作更多更好的红色作品，歌颂祖国歌颂党、讴歌新时代、赞美英雄和人民、反映伟大的实践成果等。如新中国成立70周年国庆节前夕，一些高校、部队、民间艺术团、企业和民间团体组织拍摄《我和我的祖国》《今天是你的生日》《歌唱祖国》《我爱你中国》等快闪合唱短视频，用这些红色文艺作品表现时代变换、体现社会特征、表达人民诉求，进一步激发亿万华夏儿女的爱国情怀和报国之志。

最后，要充分发挥载体作用，使红色文艺作品深入社会各个领域。一是将红色文化资源以作品的形式在旅游景区进行推广。新时代红色旅游已然成为红色文化资源传承和发展的重要载体和主要阵地。可以效仿"千古情"系列作品的演绎形式，将红色景区历史文化、革命事迹高度提炼和萃取，通过创作编排形成能够反映景区红色文化的文艺演出，从而还原故事情节与场景，创新红色旅游传统模式。二是将红色文艺作品进行全社会范围的大力推广，让红色文艺作品被更多的人民看到了解并喜爱，真正起到凝聚、振奋以及指引人心的文化引领作用。使红色文艺作品演出深入生活、扎根群众、眼睛向下、重心下移，积极鼓励高等艺术院校、省市艺术团、歌舞团的红色题材系列演出走社区、下基层，走向大众社会的各个角落，成为群众、百姓都更容易接受并喜欢的精神食粮。

（二）与文化品牌相结合

所谓品牌，有两个层面的定义：一是注册商标，即经过工商管理部门的注册登记，在法律上获得保护的商品或服务的标记；二是商标的内在含义，如商标所表达的精神、产品特点、技术专业等等。而红色文化品牌，应在内涵方面具有深厚的积淀，同时定位要准确，并被广泛认知和接受，受到大家的欢迎和支持。新时代，促进红色文化资源传承和推广要特别重视与品牌效应相结合的策略。

首先，要实现和红色文化品牌的共鸣。若让红色文化资源品牌化，产生品牌效应，前提是要让广大人民与红色文化品牌产生足够共鸣。从一定程度上来说，红色文化作为中华优秀传统文化的延续、一种反映中国革命浴血奋战斗争史的先进文化是有一定的人民认同感的。它不仅能够满足广大人民的精神文化需求，还拥有着极高的德育价值，同时还可以促进社会主义先进文化的蓬勃发展。要通过政策给予、教育引导、网络宣传等方面，让人们对其品牌价值产生精神感知，进一步实现对品牌从认知、认同、认可到共鸣的转变。

其次，要完善对红色文化品牌的建设。应当详细挖掘、梳理和聚合归纳应用红色文化资源创立品牌的立足点。围绕着红色旅游、红色教育基地、红色文化衍生品和纪念品、红色名人事迹的旅游线路等，将其做品牌化开发，如红色旅游线路、党性教育品牌基地、印有红色文化标志的文具用品及服饰等等。

最后，要加强对红色文化品牌的宣传。红色文化品牌除了把握好文化的核心内涵之外，做好宣传包装和推广有时候是更重要的，只有这样才能更容易被大众接受和理解并获得广泛的支持。新时代背景下，加强红色文化品牌的宣传要善于运用新兴技术、挖掘独特内涵、广开宣传渠道。尝试运用新媒体和网络信息技术，善于挖掘和打造符合地域、民族和品牌本身的特点加强品牌形象的独特性，同时充分运用各类媒介、组织相关活动为红色文化品牌造势，以达到最佳宣传效果。

五、红色文化资源数字化保护及发展路径

（一）数字化采集及处理

对红色文化资源的数字化保护需要组织多专业、多学科团队，包括历史学、

计算机信息科学、传播学的专家学者，对红色文化资源进行系统性收集整理。通过查阅文献资料，到革命遗址所在地和博物馆调查，走访革命前辈、烈士遗属、亲历者等方式，全面掌握红色文化资源的情况，并进行数字化资料采集。数字化采集和输入包括对与主题相关的实物、资料、物品等进行拍摄、扫描；对访谈、口述、歌曲等拍摄和录音等；对革命遗址、遗迹现场进行数字摄影、全息拍摄等。数字化采集的资料可按照主题内容、时间顺序或使用途径进行翔实的记录、分类、组织和存储，为后期制作提供完善的资料。

（二）数字化修复及再现

通过对红色文化资源的调查研究我们可以发现，红色文化资源在许多地方已经遭到了破坏，也有一些红色文化资源在渐渐地消失，采集的数据又可能会存在不同程度的问题，如照片老化模糊不清、文档书籍生霉、录音老化失真等，这就需要对其进行修复及再现，以便长期保存和利用。因此，可以充分利用数字化技术将已经损坏或者消失的红色文化资源进行修复和再现。如对于一些没有声音的影片，可以用数字化声音处理技术还原影片的声音，或者对于一些模糊的图片，可以利用数字化的图像复原技术将模糊的图片进行复原，再次展现中国红色文化精神。另外，在通过数字化对红色文化资源进行收集和整理时，若发现一些红色文化资源存在残缺，就可以充分利用数字化技术来模拟残缺的部分，将红色文化资源修复完整。

资料后期处理是结合传统的文物保护与修复工作，利用图像处理、音效处理、虚拟现实等技术，将破损文物按原始形态复原出来，再现其原貌的过程，包括图片和文献扫描件的色彩处理、划痕修复、图像重构、音效处理、声音修补、声画合成、文字编辑等，对红色文物进行精准建模、虚拟修复，尽可能将其真实地展示出来。

（三）利用数字化来保存红色文化资源

时代飞速发展，人们对红色文化资源的遗忘和一些红色文化的自主消失是不可避免的，红色文化资源要想继续在世界上流传，就必须要用数字化技术来保存。技术人员可以建立一个数据库，将所有的红色文化资源统一放在数据库中，人们可以通过查阅该数据库来获取更多的红色文化知识和信息。数字化的保存方式是永久的，不论经过多少个世纪，人们都可以通过数据库来获取红色文化资源的相关信息。通过数字化来保存红色文化资源，是红色文化保护和创新发展的一个新的阶段。

（四）充分利用数字化和现代技术来加强红色文化资源的传播

随着现代技术的发展，电脑和手机等电子产品已经成为人们日常生活中不可或缺的一部分，国家和有关部门也可以利用这一点来加强红色文化资源的传承。首先，对于现阶段的学生来说，他们对红色文化资源的学习基本不感兴趣，而通过数字化的展示，可以使学生们置身于当时的情境中。其次，利用数字化来进行红色文化资源的宣传也非常重要。有关部门可以用红色文化资源的各种信息代替各种商业性的广告，让人们不论在观看或者是打开软件时都能够先看一看红色文化资源，这更是对红色文化资源的一种宣传，也能够保证红色文化资源每时每刻都出现在人们的身边。

除了上述措施之外，唤起人们的传承和保护意识才是最重要的。现阶段的人们已经离不开电子网络，也离不开电子产品，而这些都属于数字化手段的范畴。所以我们可以抓住这个机会，将红色文化资源的有关信息展示在电子网络和电子产品上，并将红色文化延伸到人们的日常生活中，唤起人们传承和保护红色文化资源的意识。

六、深化文旅融合，丰富红色文化资源传播载体

红色文化资源是富有民族特色的一种重要文化资源，融合文化性、政治性、产业性、教育性、观赏性于一体。红色旅游，既遵循了旅游发展的一般规律，又有着鲜明的红色主题色彩和时代气息，它不仅是展示地方历史文化、传承革命精神的重要方式，还是弘扬和传播红色文化的重要载体和精神文明建设的有效形式。红色旅游的合理开发利用不仅能带动地方经济发展，还能够在潜移默化中以生动活泼、润物无声的方式，将爱国主义教育、思想道德教育和理想信念教育传递给旅游者，真正实现红色文化的入耳、入脑、入心，使游客在丰富自身旅游体验中增加知识，陶冶道德情操、升华人生境界，使红色文化教育取得事半功倍的效果。新时代红色文化创新发展，必须紧紧围绕红色旅游展开。

第一，要充分依托革命遗址、名人故居、会议会址、重大事件发生地、革命时期创办的著名学校等重要红色旅游资源，打造一批红色旅游经典景区和精品路线，推动红色旅游走品牌化和高质量的发展道路。我国红色文化旅游资源丰富多样、数量繁多，但旅游景区相对分散，知名度高、影响力大的旅游路线和经典景区很少，这就需要党和国家以及各地政府从全局出发，整合各地优势红色旅游资源，共同打造一批规格高、品质高的优质红色旅游景区和精品项目。以湖南革命老区为例，它推出的韶山—宁乡—平江红色旅游路线深受游客喜爱，

这一路线途径湘潭韶山、宁乡花明楼、湘潭乌石等红色景点,这些景点作为老一辈无产阶级革命家毛泽东、刘少奇、彭德怀的家乡,能让游客在游玩中回顾革命历史、体悟革命精神。类似这样设计合理的红色旅游路线不仅可以带动革命老区的经济发展,提高当地的知名度,还能增加红色文化的吸引力和感召力,实现寓教于游和以游促教的有机统一。

第二,红色旅游要坚持统筹发展,积极同生态文化旅游、民族文化旅游等进行深度融合,通过"红绿结合""红古结合"等方式实现三者的共同繁荣发展。生态文化旅游以大自然为舞台,是集度假、娱乐、休闲、求知等为一体的旅游活动。旅游者能够在形式多样、丰富多彩的活动中增长知识、扩宽眼界、放松身心,还能增加人们的环境保护意识,提高对大自然的热爱,引导人们更加珍惜民族文化,弘扬精神文明。我国56个民族共同组成了中华民族这一和睦大家庭,在全国各族人民的劳动智慧和辛勤劳作中孕育了多姿多彩、内容丰富的民族文化,这成为中华民族独一无二的宝贵旅游资源。民族文化旅游是我国旅游业的重要组成部分,游客们能够在游山玩水中深刻感受博大精深、源远流长的中华民族历史。当前,红色文化旅游的发展要和生态文化旅游、民族文化旅游结合,推动旅游和文化深度融合,将三大文化贯穿进旅游经营、旅游产业、旅游管理等多个方面,在三种文化的融会贯通中扩充红色旅游的文化内涵,整体上加快旅游文化产业化的步伐。

七、培养红色文化资源保护与发展的专业化人才

(一)建立健全专业人才培养机制

目前,红色文化继承与推广的从业人员相对短缺,没有构建完备的人才培养体制,没有相应职称的晋升政策。在对红色文化传承和发展过程中缺少相关的专业人才,无法形成一支理论丰富、业务熟练的专业团队,很难形成研究、推广的合力。

首先,依托高校设置相关专业。高校是孕育人才的摇篮,要充分整合高校资源,围绕着旅游方向、文艺方向、网络工程方向、工艺美术方向等专业和师范类院校设置红色文化相关专业,编写红色文化教材,开设红色文化课程,制定科学合理的人才培养方案,对接就业单位输送人才。

其次,建构相应的培训机制,输送专业的从业人员。红色文化的从业人员是红色文化得以传承和发展的关键部分,各单位要建立健全这部分人员的培训机制,可以依托当地高校、当地政府,有关机构等单位,阶段性地、与时俱进地、

有针对性地对从业人员进行专业培训。

最后，形成适当的竞争机制。此项机制以红色旅游领域为例，越来越多的红色旅游景区设置了移动客户端线上购票系统，依托此系统可实现红色景区讲解、购票、聘请讲解员等功能。从业单位可以在线上线下进行数据分析，统计红色讲解员的讲解效果，并以此建立竞争、考核、评优、评奖等方面体制机制，从而营造比学赶超的良好氛围。

（二）努力搭建专业人才的发展平台

在促进专业化人才培养的进程中，要努力搭建专业化人才的发展平台，不断为专业化人才晋升提供政策性保证和多方条件的配合。

首先，要为相关从业人员设置专业职称晋升平台。目前，与红色文化资源相关的非教育单位，如红色旅游景区、红色演绎团体、红色影视作品创作团队等均没有为从业人员设置职称晋升平台，此方面的政策条件也相对匮乏，从业人员的薪资待遇也不合理。这不仅大大影响了人力资源的引进效果，而且严重影响红色文化传承者的专业化发展进程。所以，有关部门要在政策、条件和资源方面给予一定支持与帮助，鼓励从业人员走专业化道路。

其次，要借助网络优势特点构建信息分享平台。随着互联网的飞速发展，QQ、微信、抖音、快手等新媒体软件应运而生，相关单位要利用好当前新媒体的有利形势，构建网络信息分享平台。如推出红色文化主题的微博、公众号，建立起相应的微信群、QQ群等，及时推送各个红色旅游景区的实景实况、红色文创作品、红色主题文章等信息。

最后，要持续促进各类红色主题活动的举办。要借助内容多样、形式丰富的主题活动让红色文化走进群众，让从业人员有平台展示自己，让红色文化深入人心。如红色讲解员大赛、红色知识竞赛、红色故事诵读会、红色主题的文艺展演、红色主题的书画展等，既让红色文化走进百姓、接上地气，又为从业人员搭建了展示自我、锻炼自我、提升自我的舞台。

（三）营造有利于培养专业人才的环境氛围

马克思主义辩证唯物法认为人与环境是辩证统一的关系，好的环境氛围对红色文化继承者和推广者的成长是有促进作用的。因此，要充分整合资源、协调各方为红色文化的传播者、从业人员创造环境、创造条件。

首先，要充分利用高校的资源条件。高校一直都是各方面专业资源、专业人才的培养地和输出地，一方面要给予一定的政策和资金支持，鼓励广大科研工作者致力于红色文化的传承和发展研究，为科研成果的研究创造条件。另一方面要定期聘请一些名校的专家学者，对红色文化的从业人员进行专业指导，建立合作共建关系，健全人才培养机制，用科学的方式培养人才，做到事半功倍。

其次，激发活力，凝聚民间群众团体力量。依托一些民间组织，例如红色学会、相关企业单位、艺术家协会等团体组织，激发人民群众的活力热情，形成传播红色文化合力的火热氛围，助力传承新时代的红色文化。

（四）培养红色旅游专业人才

红色旅游具有较强的文化性和历史性，这要求从事红色旅游的人员需具备较高的专业素养。近几年，我国举行的导游综合素质提升培训中增加了红色旅游的有关培训内容、成立了红色旅游讲解员培训班，举办了红色旅游"五好讲解员"等一些相关比赛，在一定程度上培养了红色旅游人才。但这些都是零散的、地方性的活动，部分地区对于红色旅游人员的培养与培训尚未形成系统化、专业化的体系，不利于红色旅游的发展。因此应该从以下两个方面入手来培养红色旅游专业人才。

首先要建立系统的红色旅游人才培养体系。对于人员的培训，主要分为两类，一类是对行政管理人员的培训，要加强对党政机关领导干部的培训，根据地区红色旅游发展的需求，提高他们的业务能力和管理水平，培养一支高素质的行政管理队伍；另一类是对导游的培训，要注重对导游进行红色旅游文化知识的培训，让其充分理解革命文化的内涵，同时对导游讲解技巧、方法等进行培训，从而造就一支能力过关、素质过硬的红色旅游导游讲解队伍。

其次要加强合作。一是要与相关的旅游院校展开人才培养的合作，可以通过签订定向协议的方式来培养红色旅游人才，扩大我国红色旅游人才队伍。二是要建立红色旅游人才流动机制，加强省内外的合作交流，可以通过举办合作项目或者互换工作人员的方式，相互交流，相互借鉴，从而提高人员能力与素养。三是要建立专门的红色旅游人才信息库，为我国红色旅游的发展储备人才。

八、地方红色文化资源协同发展路径

（一）建立协同发展的共享平台

一是建立产品开发共享平台，加强地区间红色旅游合作，以合作共赢理念推进区域间红色旅游资源的共享与开发，做到既能进行项目联合建设，又可以同时进行市场推广。二是建立公众服务平台，为不同资源点的公众提供红色文化资源的信息、咨询、学习、培训等一系列旅游服务,让其充分受到红色文化的熏陶。三是建立研学基地平台,做好红色文物、革命文献等的整理与研究,深入挖掘红色文化资源的时代价值,推出有鲜明主题、鲜明特色、鲜明成效的红色教育培训,提升红色文化的影响力。

(二)构建协同发展的组织架构

组织架构的科学合理设置,可以有效地促进地方红色文化资源的协同发展。如 2018 年成立的长三角红色文化旅游区域联盟,无疑就是讲好红色故事、赓续红色基因、弘扬红色精神的创新尝试,经过几年联合发展,成员之间的交往交流协作持续深化,人才、信息、要素流动的质量得到不断提升,其秘书处还与延安、遵义等具有较多红色文化资源的地市建立了长期的合作关系。整体开发地方红色旅游资源,需要构建更多设置更科学、职能更优化、权责更协同的相应机构,从制度层面为地方红色旅游资源的协同发展提供支持。

(三)建立协同发展的保障体制

一是职能保障。要建立相应的职能部门,统筹规划与协调不同区域红色文化资源点的建设。二是制度保障。制定和完善各种制度规范,确保地区红色文化资源的协同发展取得实效。如成立的长三角红色文化旅游区域联盟就是在沪苏浙皖三省一市党委宣传部指导下,由多个地市(区)共同倡议并发起的,多地职能部门的联合协同,极大保障了红色文化旅游区域各方的权益。三是内容保障。地区红色文化资源的开发要致力于聚焦红色文化资源点背后的故事,讲透人文情怀;聚焦核心故事,讲好区域红色精神;聚焦精彩故事,讲深点线主题意蕴,在协同发展中多元传播,在共享建设中提升影响。

九、强化高校红色文化资源育人的作用

(一)将红色文化资源引入课堂理论教学

1.找准结合点,将红色文化资源融入思政课

"思政课是落实立德树人根本任务的关键课程,思政课作用不可替代,思政课教师队伍责任重大。"思政课在培养新时代大学生的爱国情、强国志、报国行中发挥着举足轻重的作用。红色文化资源因其时代性和发展性的特征,拥有庞大的内涵体系,它既涵盖了革命战争年代追求民族独立和人民当家做主的流血牺牲和勇往直前,也囊括了社会主义建设和改革开放新时期追求幸福生活

和国家富强的勤劳奋斗和锐意进取。将红色文化资源融入思政课教学，既可以增强大学生的爱国主义和理想信念教育，也能够突出党史国情教育，更能够在锻造大学生高尚思想道德情操的同时传承红色文化资源。

除此之外，育人主体还要结合大学生内心精神世界成长的客观需要选择内容适宜的红色文化资源融入思政课教学，做到历史与现实相结合，适当突出站在时代前沿的红色文化资源。如在讲授《思想道德修养与法律基础》第一章"人生的青春之问"时，我们既可以融入雷锋精神、焦裕禄精神等，也可以融入2020抗击新冠肺炎疫情中的无数感人事迹，以助力新时代大学生形成无私奉献、积极进取的人生观。

2. 开展红色文化资源的专题报告课

专题报告课的优势在于主题突出，参与人员相对较为确定，报告内容的系统性强等。红色文化资源专题报告课，要做到观点正确、说理透彻、事实可靠、表达生动，集庄严性、感染力与说服力于一体。所以，专题报告课对育人主体的个人素质提出了较高的要求，如必须是一名政治站位正确的传道者，思政课教师只有自己信仰坚定，对所讲内容高度认同，做学习和实践马克思主义的典范，才能讲得有底气，讲深讲透，才能有效引导学生真学、真懂、真信、真用。专题报告教师必须是一名功底深厚的红色文化资源研究者。专题报告教师要对报告主题的红色文化资源形成的历史背景、内涵、特征及价值等各个范畴有深入的了解，才能够将课程讲精、讲透彻。此外，还需要报告教师具备良好的口才以及处理突发情况的心理定力，只有兼具以上品质，才能够讲好一堂精彩的报告课。此外，我们也可以邀请健在的红色革命人物和社会发展过程中涌现出来的英模人物作为专题报告课的嘉宾现身说法，讲授他们的亲身经历和奋斗历程。在讲授结束后，育人主体要及时引导大学生剖析嘉宾们所具有的优秀道德品质以及发光发亮的行为事迹，再结合自身实际，运用"比较学习法"洞察自身与"红色嘉宾"在思想和行动上的差距并加以改正，建构出行动力强、人格完善的理想自我。

（二）开设有关红色文化资源的必修、选修课程

有学者指出："红色文化已经成为我党在新的执政条件下，培基固本、永葆品质的重要保证。但是，仅仅通过党员教育和干部教育传承红色文化，还显得单调而单薄。因此，从学科建设入手，用系统的高层次人才培养的模式，研究、传播、承续红色文化，拓展、壮大传承红色基因，弘扬红色精神的国民教育体

系，逐步形成全民性的传承红色文化的理念和行为，共筑民族精神，则是更有意义的一种路径选择。"建构红色文化资源学科的第一步就是要合理地设立相关的红色课程，并依据红色课程制定出相关的教学计划，规定学时学分，完善结课考核。如复旦大学将《治国理政的理论与实践》作为全校本科生的通识教育课程；井冈山大学开设了《井冈山精神与当代大学生》作为校本课程；临沂大学将《沂蒙红色文化与沂蒙精神》作为全校的通识必修课程；遵义师范学院开设了"长征文化与长征精神专题"作为全校的公共选修课程；延安大学的"校史资源教育"也是新生入学的必修课程之一。

（三）将红色文化资源融入"课程思政"的建设之中

习近平总书记指出，"要用好课堂教学这个主渠道，思想政治理论课要坚持在改进中加强，提升思想政治教育亲和力和针对性，满足学生成长发展需求和期待，其他各门课都要守好一段渠、种好责任田，使各类课程与思想政治理论课同向同行，形成协同效应"。高校如何深入挖掘各门各类课程中蕴含的思政因子和红色基因并发挥其"育人铸魂"的作用，是新时代高等教育重要的研究课题之一。所谓"课程思政"，其本意就在于破除不同学科、专业之间的教育壁垒，建构起不同学科所属的课程与思政课相融互通的立体化育人模式，形成一股强劲的育人合力。有学者指出，"'课程思政'的价值内核就是通过课堂教学有效传播马克思主义理论，把思想价值引领贯穿到教育教学的全过程和各环节，着力抢占价值观竞争的道德制高点，使高校成为马克思主义研究和传播的基地和高地"。

（四）开展红色主题鲜明的实践活动

红色文化资源只是一种资源，它不会凭空产生教育的功能，必须要借助一定的载体才能实现。因此，要把红色文化资源广泛融入大学生的实践活动之中。大学生的红色实践活动主要包括校园实践和社会实践，要把红色文化资源的精神内核融入实践教育情境，激发大学生内心的体悟。红色校园实践主要包括开展红色主题的文艺活动、举办红色读书会等；红色社会实践主要体现在探访革命老区、开展红色主题的社会志愿服务等。无论是红色校园实践还是社会实践，它们的开展都具备以下几点意义。

首先，有助于大学生将习得的理论知识与实践体验相结合，寓理论于体悟之中。红色文化资源的实践体验，指的是育人主体借助一定的红色场景或劳动形式在春风化雨、润物无声的过程中实现育人目标，育人客体也能够在参加实践的过程中切身体验和感悟红色文化资源，从而内化红色文化资源。

其次，有利于深化大学生心中的中华民族共同体意识。红色文化资源是对中华优秀传统文化的继承与发扬，为中华民族共同体意识的培育输送了精神氧分。通过红色实践活动，大学生可以更为生动形象地了解与实践主题高度相关的红色感人事迹，感受到红色主人翁崇高的精神境界和思想道德品质，继而坚定心中的民族自豪感，形成团结、互助、友爱的民族一体意识。

第三章　地方红色文化资源与旅游的协同发展

随着红色旅游的全面快速发展，关于红色旅游的研究越来越多。本章将红色旅游的研究主要分为三个部分加以论述，第一部分是对红色旅游的相关概述；第二部分是红色旅游的发展历程；第三部分是红色旅游的发展现状。

第一节　红色旅游概述

一、旅游发展

（一）中国旅游市场的发展

随着中国加入 WTO 以及经济的开放性不断加强，世界对中国的关注度也不断提高。在全球化视野下，中国古老的文明、悠久的历史、多彩的自然环境都吸引着国际游客。由于中国旅游的发展在很大程度上受到国际旅游消费者需求的影响，所以我们首先需要对中国的国际入境旅游市场进行一定的了解。随着国际入境旅游规模的不断扩大，国外游客对中国旅游线路的选择变得更加多元化，以往入境游客往往在桂林、西安、洛阳、北京几个具有深厚文化、独特自然景观风貌的城市旅游。但是随着中国国际影响力不断加强，国际形象与国家地位不断提高，加上国际游客对中国的了解越来越深入，他们在旅游方式的选择方面也从传统的观光型旅游向深度旅游型转变，进而推动了如丽江、阳朔、大理旅游业的繁荣与发达。随着我国经济的快速发展、国民收入水平以及受教育程度的不断提高，我国国内旅游市场增势强劲。

（二）学生专项市场的蓬勃发展

随着中国经济的不断发展，旅游需求的多元化催生了新型的旅游产业。20 世纪 70 年代，城市旅游、观光旅游是旅游的核心；而随着城市化建设的程度越来越高、现代化的步伐越来越快，自然生态、乡村田园、历史遗存越来越稀缺，随之而来的乡村旅游、户外探险、文化体验等旅游产业异军突起，蓬勃发展。加之，国人经济收入水平的提高与生活节奏过快等因素影响，大众更加崇尚高品质、慢生活的生活状态，因此，休闲度假、户外体育旅游、亲子旅游等旅游类型蓬勃发展。多元的旅游需求催生了多样复杂的旅游类型及产业，这给传统旅游产业的发展带来了巨大的挑战，传统旅游方式与内容已经远远不能够满足当今大众的旅游需要，只有不断地开发、规划新的旅游景区、旅游目的地，才能满足旅游者的出游需要，旅游产业才能更好地满足人们生活的需要，促进社会经济的发展。

目前我国出国"修学游"尚处于初级阶段，旅行社提供的产品还比较单一，一般以英语学习和对国外大学进行考察为主要内容。从国内修学旅游的发展来看，修学旅游一直发展缓慢，尽管近年来全国各地成立了面向教育系统的旅行社，但仍因产品单一、组织落后、管理混乱等问题而难以打开局面。从入境修学旅游市场来看，来我国旅游的团体中"修学团"所占的比重逐渐上升。由此可见，我国出入境学生修学旅游市场仍处于起步阶段，学生修学旅游产品需要得到提升与进一步开发。

学生旅游市场庞大的基数以及国家宏观政策的支持为研学旅游市场的大力发展创造了条件。在研学旅游发展的过程中，中国传统文化、传统美德、遗产、历史遗迹、科学机构等以文化为核心的要素成为研学旅游产品开发的重点与实质。

如何将传统文化、现代科技、历史教育等智慧结晶通过旅行的方式传递给广大的青少年，成为研学旅游产品开发的难点。文化智慧、现代趣味、互动参与、深入浅出的旅游产品是研学旅游成功的关键。所以，文化元素的嵌入、文化线索的贯穿在研学旅游产品开发中显得尤其重要。

二、红色旅游

旅游是个体离开常住地，前往另外一个地方进行观光、游览、休闲、娱乐等行为的活动。红色旅游是主题旅游活动的一种，与其他旅游活动不同的是，红色旅游不仅是一项经济活动、文化活动，更是一种政治活动。红色旅游是"红色文化"和"旅游形式"的有机结合，是利用红色资源的重要载体和发扬红色传统的重要方式，具有融政治性、经济性、教育性于一体的特点，是把精神财富转换为社会财富和物质财富的一种有益的新型旅游形式，其中"红色文化"是红色旅游的内核，是红色旅游的精神支柱；"旅游形式"是红色旅游的外在形式，是红色旅游的载体。红色文化可以提升旅游的内涵，旅游则实现红色文化的价值，两者相互结合、优势互补、形成统一。当今国际上与红色旅游类似的旅游形式有黑色旅游和历史文化游。

（一）红色旅游的内涵

1. 红色旅游的起源

红色旅游活动的开始可以追溯到新中国成立初期，当时主要以政治接待为主，到革命纪念地进行学习参观活动，后发展成为改革开放后的以革命教育基地为主的教育活动，真正以"红色旅游"名义开展的旅游活动开始于21世纪初期。最早将"红色"和"旅游"两个词语放在一起是江西省，时间上可以追溯到2000年，当时江西推出了三条名为"红色之旅"的旅游专线。江西省以红色文化而闻名中外，这里有中国革命摇篮的井冈山，有中国人民解放军的诞生地南昌，还有苏维埃中央政府的成立地瑞金等，是一片真正的红土地，因此红色旅游一词最早由江西省提出完全在情理之中。

2. 红色旅游的概念界定

对红色旅游的概念进行正式而科学的界定是《2004—2010年全国红色旅游规划纲要》（以下简称"《纲要》"），《纲要》中指出，红色旅游是以中国共产党领导人民在革命和建设时期建树丰功伟绩所形成的纪念地、标志物为载体，以其所承载的革命历史、革命事迹和革命精神为内涵，组织接待旅游者开展缅怀学习、参观游览的主题性旅游活动。

根据第一期《纲要》对红色旅游的界定，可知现阶段中国的红色旅游是一个特指的概念，主要体现在八个方面。

第一，特定载体。红色旅游的载体是以共产党在领导中国人民进行革命战争过程中形成的纪念地、标志物等，包括革命根据地以及军事博物馆。第二，特定内涵。红色旅游的内涵是中国共产党领导广大人民在新民主主义革命、抗日战争、解放战争时期的革命史、革命事迹以及所蕴含的革命精神。第三，特定目的。开展红色旅游有着特定的目的，即宣传教育、传播红色文化兼顾发展革命老区经济。第四，特定形式。红色旅游是主题鲜明的专项旅游形式。第五，特定群体。红色旅游的开展主要面对中国人民，特别是国家及地方机关事业单位工作人员、党员干部、青少年学生及国际友人。第六，特定的革命和战争。以无产阶级的代表——共产党所领导的革命和战争。第七，特定的时间段。红色旅游所依存的吸引物是发生在1921年中国共产党的成立到1949年中华人民共和国的成立这段时间内的。第八，特定的空间。红色旅游活动是在特定的重点红色旅游区、红色旅游精品线路以及百个红色旅游景区景点开展的。

此外关于红色旅游的概念界定也存在广义和狭义之分，广义的红色旅游是指1840年以来，以中国人民抵御外来侵略、对内反抗剥削和压迫的历史事件和遗存为旅游吸引物而开展的旅游活动。狭义的红色旅游是指自1921年共产党成立以来，领导中国人民进行抗日战争、解放斗争、新民主主义革命以及进行社会主义革命和建设时期所发生的历史事件、遗存等为吸引物的旅游活动。广义和狭义上的红色旅游在时间的界定和内容的涵盖范围上存在差异，但在旅游的意义、功能以及形式上却是一致的。

（二）红色旅游的特征

1. 学习教育性

学习性是红色旅游的首要特征。红色旅游活动开展的目的，就是通过旅游的形式，以旅游活动为载体，组织游客对中国革命史进行学习。但是这种学习不是说教式的，而是通过对革命历史遗存的参观，经由专业人员讲解或相关形式的知识宣传，对游客进行知识的传递。国家组织大规模发展红色旅游的目的，是通过红色旅游传承红色文化和红色基因，旅游和学习互为表里，是一种寓教于乐的主题旅游活动。

通过旅游活动，对国民进行历史的宣传教育，在一些发达国家和地区作为制度执行。在德国，一些州就对中小学生进行反法西斯的修学旅游做了专门立法，规定学校要定期组织学生到纳粹集中营等地游览参观。我国开展的红色旅游，就是将"读万卷书、行万里路"的优良传统发扬光大，可以说，红色旅游本身就是一种实践性学习。

此外，红色旅游的学习教育性在一定程度上体现在思想政治教育功能上。在社会主义建设的初级阶段，人民的物质文化水平相对比较落后，而改革开放以来，我国人民在几代领导人的带领下，物质文明和精神文明建设已经取得显著成绩。十九大后，我们已经由社会主义初级阶段迈进了全面建成小康社会的决胜阶段，在新时代新阶段，由于在意识形态领域的斗争仍然非常复杂，为了巩固中国共产党的领导，确保党的执政地位不动摇，国家的长治久安得以实现，马克思主义在意识形态领域的指导地位就应该更加鲜明。红色旅游是对全党、全民进行马克思主义教育的重要途径。具体表现在以下几个方面。

①社会信仰引领功能。红色旅游的引领功能主要是指通过政府或企业对红色旅游资源的开发设计以及管理，将红色旅游资源蕴含的红色精神传导给红色

旅游活动主体的过程。红色旅游活动的主题是红色，通过对革命历史遗迹、遗存的修缮，以图片展示、故事讲解、情景再现等各种形式向游客传达一种理想信念，是理想信念的构建和强化的过程。

政治教育也是一种政治手段，政党利用政治教育来确立并确保为政党所服务的政治文化得到广泛的认可和认同，通过向受教育者传达政治理念来巩固政党的社会地位，维护既有的政治秩序。红色旅游一开始就是作为一种教育手段产生的，主要通过对红色旅游的主要参与者即游客的宣传教育，起到引领游客树立社会主义核心价值观的作用。在现阶段，人民群众是否信仰社会主义，是否践行社会主义核心价值观，对能否实现伟大的中国梦，实现中华民族的伟大复兴起着至关重要的作用。

②革命精神教育功能。红色旅游的革命精神教育功能主要体现为老一辈革命者的优良传统和革命精神。游客去红色旅游景区景点的纪念馆、博物馆等参观游览，通过学习和感受革命先烈的英勇事迹，接受革命精神的洗礼，使自己的内心受到感化。尤其是对20世纪80年代以后出生的年轻一代，一直生活在衣食无忧的社会环境下，一些优良的文化传统正在这些年轻人身上消失，他们不知道什么是吃苦耐劳，什么是勤俭节约，一些不良的社会风气充斥在这个群体内。但这部分人已经成为社会主义建设的主力军，担负着传承中华优良文化的重任，对这个群体进行革命传统教育已经刻不容缓。据调查显示，红色旅游的参与者呈年轻化趋势，在2016年红色旅游接待的11.47亿人次中，20世纪80年代后的年轻人已经占到了七成以上。随着红色旅游的全面开展，各地政府、旅游企业线上线下宣传力度不断加强，参加红色旅游的群体越来越庞大，尤其是年轻人自觉地到革命根据地、纪念地接受共产党优良传统的再教育，已经是红色旅游发展的大势所趋。

2. 休闲性

"旅"是旅行，外出，即为了实现某一目的而在空间上从甲地到乙地的行进过程；"游"是外出游览、观光、娱乐，即为达到这些目的所做的旅行。二者合起来即旅游。所以，旅行偏重于行，旅游不但有"行"，且有观光、娱乐含义。娱乐性是所有类型的旅游活动的共同特性。红色旅游首先是红色，其次是旅游，而旅游本身就是一种放松身心的休闲娱乐活动。游客通过参与旅游活动获得精神上的愉悦，或是思想上的某种启发，在红色旅游活动过程中，游客在受教育的同时，由于离开自己的常住地，暂时告别日常的工作，来到红色大地，体验老一辈革命先烈的革命奋斗的环境，对自己来说也是一种放松。

3. 广泛性

红色旅游资源是在中国特定的历史时期形成的，红色旅游又是在新的历史时期产生的。由于中国革命经历了数十年，在全国各地留下了丰富的革命遗址、历史遗迹，形成了丰富的红色旅游资源，产生了分布广、数量大的红色旅游活动场所。红色旅游活动的开展往往是以红色旅游资源为主要依托，同时与其他旅游资源相结合，其活动多见于爱国主义教育、革命纪念活动等。同时，红色旅游资源多与自然生态、民族历史文化等旅游资源同时存在。因此，红色旅游活动与其他多种旅游新业态相融合，形成综合型的旅游产品线路，形成红花与绿叶相得益彰的发展局面。

4. 故事性

红色旅游涉及的历史故事比较多，这些历史故事就是真实的历史事件，通过对历史物件、图片的展示，文字或语言的表述，传递给前来参观的旅游者。把红色旅游的故事讲好，是发挥红色旅游综合功能的一项重要的基础性工作，红色旅游的故事具有真实性，从业人员必须实事求是地向旅游者讲解，不能擅自改编。2015年，全国红色旅游工作协调小组主办了全国第一届红色旅游故事大赛，旨在挖掘红色旅游内涵，鼓励和引导从业人员提高讲故事的水平，把景区最动人最经典的故事讲述出来，突出红色旅游的教育功能，同时增强红色旅游活动对旅游者的感染力和号召力。

5. 扶贫性

红色旅游的扶贫性，是指在红色资源条件较好的贫困地区，通过发展红色旅游，促进地区经济发展，进而改善经济、社会现状的一种区域发展模式。发展红色旅游是一种特殊的开发扶贫的方式。从另一个角度讲，就是用红色旅游来引领，从国家政策、人力、产业、产品和智慧等方面，进行系统筹划的一种旅游扶贫形式。红色旅游，除具有自身社会效益之外，还具有经济效益，并通过围绕国家和地方政府挖掘和拓展红色资源、红色文化、红色精神、红色产业来带动革命老区发展的有生力量。

2016年以来，国家把发展红色旅游作为扶贫脱贫的重要工作。革命老区以发展红色旅游为契机，打开发展的大门，带领人民脱贫致富。政府加大政策支持，扩大资金投入，并且制定了激励政策招商引资，引导有能力的企业支持红色旅游事业的发展。在红色旅游开展过程中，通往革命老区的道路更加便捷，信息传递渠道更加宽广，当地居民的就业机会增加，人民的生活水平得到提高。同时，旅游业的发展带动了其他产业的发展，通过"引进来、走出去"引领贫困人口实现脱贫，在党和国家优惠政策的指导下，逐渐过上富裕的生活。

现如今，革命老区已经陆续宣告"脱贫摘帽"。2017年年初，经由第三方评估机构评估确认，井冈山市贫困发生率实现1.6%，已经低于国家制定的2%的贫困标准，井冈山市在脱贫工作中起到了示范带头作用。井冈山市作为中国革命的摇篮，在2000年左右开始率先大规模发展红色旅游，通过发展红色旅游，带动了全区经济发展，使井冈山人民走上了脱贫致富的康庄大道。

开展红色旅游，一定要有效挖掘红色旅游资源，从根上和点上与革命文化和传统文化相结合，并将之转化为扶贫动能，从根点上下功夫，大力发展旅游业，优化旅游产业结构，突出第三产业的龙头优势，用红色旅游引领、培育特色旅游品牌，吸引更多的志士、智者为贫困地区的经济发展注入新的动力。开展红色旅游，能使更多的人聚集在红色景区，通过体验当地风土人情、观看革命遗址、聆听革命故事、开展纪念活动等形式，来打开群众的视野，并以饱满的热情积极参与脱贫攻坚活动，从而实现物质和精神上的双脱贫。所以说，开展红色旅游也是脱贫攻坚战略的有效形式。

（三）红色旅游载体

1. 红色旅游载体的分类

红色旅游载体的物质形态一般由纪念地、旧址、遗址、纪念碑、陵园、故居、纪念馆、惨案遗址历史遗产等组成，从规模上讲，小到一间房舍、一个物品，大到一个战役遗址、一个景区的分布；从时间跨度上讲，有历时数年几十年的旧址、遗址，也有突发的瞬间形成的战斗、战役和惨案遗址、纪念地。游客通过对红色旅游载体的参观学习，可以了解历史，增强民族情感，激发爱国主义热情。通过对红色旅游载体进行分类，了解不同红色旅游载体承载的历史内容和思想内涵，有助于游客依据旅游载体承载的内容有针对性地选择旅游目的地，提高旅游的质量。

第一，旧址类载体。旧址类载体是指我们党在近一个世纪的奋斗历程中经历过的重要会议会址、伟人故里，以及党、政、军驻地指挥部等。这一类载体的共性是红色旅游内涵丰富，时间跨度较长，如中共"一大"旧址、韶山毛泽东同志故居、井冈山革命根据地旧址、延安中共中央旧址、西柏坡中共中央旧址、129师司令部、晋察冀根据地旧址等。

第二，遗址类载体。遗址类载体主要是指战役战斗、惨案、重要事件的发生地等。这一类载体的共性是时间跨度较短，承载的内容浓缩性强。一个重要战役的酝酿和计划时间可能很长，但发生时几个小时几十天就完成。一个瞬间发生的惨案，它的背景是深刻的，展现出的历史震撼性、感悟性、直观性强烈，如平型关大捷遗址、南京大屠杀遗址、山西大同万人坑遗址等。

第三，祭奠类载体。祭奠类载体包括纪念碑、纪念馆、陵园、烈士陵墓、雕塑性建筑等。这一类载体的共性是后建性突出，资料文物存量多，观瞻性鲜明。如天安门人民英雄纪念碑、狼牙山五壮士纪念碑、雨花台纪念群雕、西柏坡纪念馆、晋冀鲁豫烈士陵园等。

2. 红色旅游载体的作用

红色旅游载体的作用是指在旅游活动中载体对旅游主体的影响和教育作用，不同的载体其教育针对性也不同，取得的教育效果亦不同。

旧址类载体可以让人强烈地感受到党奋斗历程的艰难曲折。党的奋斗史是一个历史过程，在各个不同的历史时期，党所确定的任务、目标各有不同，党的工作重心随着形势的变化而变化，每一个历史时期的任务虽有不同，但都是为最终目标而奋斗。通过游览各个根据地、解放区的旧址纪念地载体，游客可以清楚地看到当年如火如荼的革命斗争场面，了解到当年党和人民军队的发展历史。

遗址类载体则能让人感受和体验到战火纷飞的战争场面，领悟"为有牺牲多壮志，敢教日月换新天"壮丽诗篇所蕴含的深刻含义，重现在外族侵略下人民做牛做马、白骨累累的场面。

祭奠类载体能够净化人的心灵，使人们珍惜来之不易的幸福生活。对于人们坚持党的领导，坚持共产主义信念，坚持社会主义伟大事业起到积极作用。

各类红色旅游载体可以激发青少年和其他游客强烈的爱国主义情感。通过游览红色旅游景区，他们热爱祖国的感情会油然而生，会为共产党的艰辛奋斗历程和胜利感到自豪。

（四）国际上与红色旅游相似的旅游活动

1. 黑色旅游

在国外，黑色旅游活动已经有很长的历史。1947年，波兰政府将奥斯威辛集中营建成博物馆，供游客参观，现在这个博物馆已成为波兰最著名的旅游景点之一，也成为黑色旅游的样板基地。

有学者将黑色旅游定义为旅游者到灾难、痛苦、恐怖事件、死亡以及悲剧发生地参观游览的活动。弗勒和列侬两位学者在1996年正式提出了黑色旅游的概念。虽然之前也有很多学者对黑色旅游作了描述和解释，但是弗勒和列依的概念受到了学界的普遍认可，因为这两位学者从更宽广的视角对黑色旅游作出了相对准确的表述。他们指出，黑色旅游就是旅游者到有悲剧色彩的遗址进行访问，或是去参观与战场或刑场有关的历史遗址的行为。根据这一概念，黑色旅游是有关悲剧或暴行的旅游活动，旅游者的旅游动机比较隐晦，目的也是多重的，可能是出于敬意和缅怀，也有可能是出于好奇或恐惧，但大部分黑色旅游活动的目的是教育、纪念或娱乐。黑色旅游的资源类型按照内容可以分为人为资源和自然资源，但由于黑色旅游本身的资源特点决定了黑色旅游不会成为大众化的旅游。按照功能，黑色旅游可以分为刺激体验型、研究科考型、观光休闲型和教育激励型。

总之，对于黑色旅游的定义，在学界还颇有争议，但根据黑色旅游的内容来定义是多数学者比较认可的。近些年来，黑色旅游逐渐成为北美地区学术界研究的热点问题，不过这也是一个很具争议性的研究领域。近十年来，国内学者也开始关注黑色旅游的研究，但一般都是向政府提出开发建议，目前在国内还没有以黑色旅游命名的旅游活动。

根据红色旅游和黑色旅游的定义比较得知，红色旅游和黑色旅游有相互交叉的方面，有所交集，但红色旅游并不等同于黑色旅游。首先，在开发内容和开发目的方面，二者存在交集，红色旅游是以革命战争年代的历史遗存遗迹为主要开发内容的，从这一意义上讲，黑色旅游可以算作红色旅游的一部分，与红色旅游具有资源共享性。其次，有些黑色旅游与红色旅游无关。一些以自然灾害或恐怖事件发生地开展的旅游活动就不是红色旅游活动，但属于黑色旅游活动。

由于黑色旅游和红色旅游具有在资源和目的方面的共享和一致性，黑色旅游活动开展和研究都早于红色旅游，因此，我国红色旅游活动的开展可以借鉴黑色旅游

开发的经验，学界关于红色旅游的研究也可以学习有关黑色旅游的相关研究。

2. 文化遗产旅游

遗产的含义一直存在争议，但大多数学者认为遗产和历史相关。学者哈迪在1988年提出，遗产是前人在改造世界的过程中留下的后人加以继承的东西，其中包括人造的物质财富，也包括一些文化传统，但一般更侧重于讲文化遗产。

随着社会的发展和实践的需要，人们对于遗产的界定也在发生变化，主要表现在遗产所包含的范围不断扩大。比较一致的看法是遗产不仅包括自然遗产，

还包括文化遗产，即物质遗产和非物质遗产。

文化遗产被认为是人类活动在历史上遗留下的精神财富，联合国教科文组织在《保护世界文化和自然遗产公约》中明确规定，文物、建筑群、遗址都是物质文化遗产的内容，非物质文化遗产是与群众生活密切相关的无形的传统文化，包括表演艺术、节庆、传统工艺、民俗活动等以及与这些表现形式相关的文化空间。

历史文化遗产旅游是以文化遗产为主要吸引物的主题旅游活动，这种旅游形式既可以体现旅游目的地的历史文化，又反映了现代人的生活状态，同时可以满足旅游者了解当地历史文化的目的，扩大文化遗产的社会影响。历史文化遗产是我国旅游业发展的重要资源基础，是最重要的旅游吸引物之一，在旅游业中占据非常重要的地位。历史文化遗产旅游的主要功能体现在保护和传承历史文化、宣传教育、促进文化旅游产业发展、带动当地经济社会发展等几个方面。

从红色旅游的渊源看，红色旅游和文化旅游既有联系又有区别。红色旅游作为文化旅游的一个分支，整合了博物馆、修学考察、怀旧、节庆、艺术欣赏、甚至民俗等文化旅游产品，同时又是以革命历史文化为其主要内容的。

首先，文化遗产旅游与红色旅游表现为功能的一致性。二者都具有宣传教育、带动当地经济社会发展的功能，红色旅游是文化遗产旅游的一个分支。其次，文化遗产旅游与红色旅游所依存的旅游吸引物不完全一致。无论是广义还是狭义的红色旅游活动，都是以战争、革命为主题的历史遗存、遗物以及所体现的红色文化为主要旅游吸引物的，而文化遗产旅游所包含的内容和范围则更宽泛。最后，由于吸引物的不同，二者在具体功能上也表现出不同，目的也不尽相同。红色文化开展的重要目的之一是通过弘扬红色文化巩固共产党的领导，实现目的地的经济脱贫，更加凸显政治功能。而一般意义上的文化遗产旅游功能更广泛。

（五）红色旅游产业的政府责任

1. 资源保护

第一，客观地保护红色旅游资源本体。红色旅游资源本体主要包括遗址、遗物、旧址、纪念性建筑物等历史遗迹。历史遗迹要以真实性为原则，尊重历史存在，不能人为地编造历史，对历史遗迹的维护要坚持"修旧如旧"，进行保护性修复，按照历史原貌进行建筑材料的选择和建筑风格的打造。我们必须充分意识到，真实的历史是红色资源本体，尊重了历史就尊重了本体，就有吸引力，才能满足游客的价值取向和审美需要。

第二，保护红色旅游资源的原生人文环境。红色旅游地具有自身的地域文化，或表现为神奇的历史传说，或表现为有特色的民风民俗，或表现为有生活的非物质文化遗产等等，这些是当地红色旅游的个性和魅力所在。政府必须保护当地的原生人文环境，包括地方建筑、民俗风情、语言乃至居民的好客程度，因为这是游客崇尚质朴、原生心理需求的寄托。

第三，系统保护和优化红色旅游资源的原生自然生态环境。对景区自然生态环境不足之处，采取人工措施进行弥补和优化，在植物的选择上，尽量考虑本地品种，但应避免整齐划一，人为痕迹过重的偏向，适度借鉴中国古典园林的构景手法，讲求"师法自然，顺应自然"，与当地自然环境相符合。

为实现红色旅游资源保护目标，各主管单位应该严格遵守法律，做到有法可依、有法必依、执法必严和违法必究。

2. 公共服务

作为准公共产品，红色旅游产品必须符合人民群众日益增长的对文化产品的数量和质量的要求，以满足公众的消费需求。为此，政府应该转变观念，变过去的行政管理职能为服务职能，坚持以人为本和服务游客的公益理念，提高服务意识和服务水平，积极地开发免费的功能性产品、活动和项目，主动为游客提供公共产品，而不是过多地向门票要效益。具体来说，就是要加强红色旅游信息的发布，及时更新网站资料，在传统媒体、现代媒体、新兴媒体、时尚媒体上及时发布正确信息，让旅游者有更多的知情权，便于决策时进行比较和优选，做到有选择的出行，避免一哄而上的"扎堆"现象。在红色景区内部，应该构建求知型和互动型导游系统，可通过运用地理信息系统技术，建设电子导游系统，经由声音、图像、视频甚至味觉等渠道为旅游者全面展示区域内的革命历史以及风土人情；通过地理信息系统技术的查询功能，还可为旅游者提供线路查询和景点查询的服务，同时借助计算机的外设产品，可将查询结果输出，从而为旅游者提供可随身携带的个性化游览咨询服务。另外，红色旅游景区还应免费提供景区革命历史介绍等资料；在旅游者游览过程中，景区应提供高质量的讲解服务，还应尽可能地为游客提供参与性的红色旅游活动，使其进入红色旅游情境；旅游行程结束时，应为旅游者提供免费的带有红色旅游景区特色的小纪念品，以强化印象，增强游客满意度。

3. 产品设计

作为准公共产品，应该精心设计红色旅游产品，并不断创新，不时更新，通过创新赢得游客，通过创新增加收入。红色旅游产品作为准公共产品，可设计"超市型""历史型""时空型"三种新型产品,向文物、环境、时间三个维度要效益。一是设计"超市型"旅游产品,比如,安源工人俱乐部曾经发行过股票、铜圆票、纸币等。在安源景区,景区的经营管理者可以制作并摆放一些高仿复制品,任由游客观摩、阅读和选购,出景点时结账。让游客在历史的场景中、在文化的氛围中、在自我的追寻中活动和游览,不时产生购买欲望,这样可以大大提高景区营业性收入。二是设计"历史感"旅游活动场所,比如,在瑞金"二苏大"会址前的合适位置,以当时"二苏大"代表的合影照片为蓝本,做一个会议代表合影群雕,在中间的领导人身旁或合影群雕的旁边,人为地留一个空位子,可以让游客填上去,与"二苏大"代表合影留念,这会是一个很有纪念意义的留影。三是创立"时空性"红色旅游场景,如在萍乡安源景区,我们可以复原当时的工人补习学校上课时的场景,开展工人补习上课活动。在瑞金叶坪村的红军广场上,可以专门开辟一个红军写革命宣传标语的墙体,每天安排一个着红军战士服装的工作人员写革命宣传标语,可以大大提高旅游景区的魅力和动感性、体验性。这样的再现性场景,既可供游客观摩,也会引起游客与补习的工人、训练的红军、写标语的战士合影留念的强烈愿望。

红色旅游产品设计应按照体验经济的要求,注重生动性、体验性和参与性,如井冈山景区,可让游客重走挑粮小道,让游客当一天红军,让游客唱红歌,让游客吃红米饭喝南瓜汤。还可利用井冈山斗争时期的战斗遗迹进行战争场景活动再现,还可与拓展、探险、竞赛、穿越等参与性项目相结合,以提高游客的兴致,增强红色旅游的吸引力。另外,还应通过声光电技术立体地再现革命先辈的英雄事迹和革命精神,提高红色文化感染力。

4. 设施配套

作为准公共产品,政府应不断完善旅游接待和公共基础设施,提高接待容量,改善接待条件,提升接待能力。一是改善所在城市与红色旅游景区的交通条件,增开直达的交通线,减少游客的时间距离和心理距离,增强对潜在客源的吸引力。二是要完善景区的接待设施,提高对大规模团队游客的接待能力。三是改善红色旅游景区的内部交通,让游客进得来、出得去、散得开。四是配套建设好纪念性设施及通信、住宿、供水、供电、垃圾污水处理、旅游厕所等设施,并全面修缮革命遗址遗迹、旧址旧居,保持原有历史展示物,增加新发现的历史文物。

5. 文化提升

红色旅游中的文化体系由红色文化和区域文化两部分组成。前者包括革命历史遗址、故事传奇、人文艺术作品、历史文物等。后者包括当地居民的价值观、信仰、风俗习惯、文化传统和当地的民居建筑、历史工程等，它与红色文化相互影响，一定程度上都受对方的影响。红色旅游是文化旅游的一种形式，应充分展示自身的文化内涵，避免走向走马观花、蜻蜓点水式的误区。因此，必须从红色文化和区域文化两方面加以提炼、提升，以保证红色旅游的感染力、渗透力和生命力。

（六）红色旅游市场细分

红色旅游作为主题性的旅游活动，根据不同的标准可以对其旅游市场进行细分。根据旅游者的身份不同，可以分为学生市场、干部市场、银发市场等；根据旅游目的不同，可以分为研学旅游市场、自驾游旅游市场等。

1.不同旅游者身份的旅游市场

（1）学生市场

开展红色旅游的目的是为了进行爱国主义教育，传承红色基因。而学生市场是地方红色旅游重要且较为稳定的旅游市场。在全省各地的爱国主义教育基地以及其他红色旅游景点中，中小学生们学习革命历史，学习革命先烈们的英勇事迹，培养自己的爱国主义情怀。目前大多数的红色旅游景点都对学生免费开放或者提供优惠政策，有利于红色基因的传承。

（2）干部市场

党政机关、企事业单位的党员干部以及工作人员等是干部市场的主体。也是地方红色旅游重要的客源市场。他们多是由单位组织前来接受革命传统教育、党史党性教育、廉政教育的群体。

（3）银发市场

银发市场以老年人为主体。这些老人是革命历史的见证者和参与者，对革命历史有深厚的感情，并且他们的红色旅游多是自发性的，例如每年的4月26日，参加过老山战役的老兵们都会自发汇聚麻栗坡烈士陵园，缅怀先烈。

2.不同旅游目的的旅游市场

（1）研学旅游市场

红色旅游在传承红色基因、加强爱国主义教育等方面具有重要的价值，是研学旅游的重要内容。目前，我国许多红色旅游景区都推出了针对研学旅游的项目，开展研学之旅成果显著。

（2）自驾游旅游市场

随着经济以及交通的发展，自驾游成为人们出行的重要方式，尤其是以家庭为单位的红色自驾旅游越来越多。在地方红色旅游市场中，自驾游占有很大比重，自驾游市场已成为地方重要的客源市场。

三、中国红色旅游兴起的原因

近年来，中国红色旅游兴起，其中除了具备旅游业发展的必要条件，更有其深刻的政治、经济、文化背景和原因。

（一）国内背景

1. 社会发展的需求

我国是社会主义国家，一贯倡导和重视利用革命遗址进行革命传统教育、爱国主义教育和思想政治教育。新中国成立以后，相关部门就一直征集、保护和利用革命文物，从建设革命纪念地，到建设爱国主义教育基地，再到现在建设为红色旅游景区，这是在新的历史条件下社会的必然需求。

改革开放以来，各种思潮兴起，其中一些不良思想使一小部分人思想道德滑坡，甚至发生信仰危机。这就迫切需要加强对公民特别是对党员干部的革命传统、爱国主义和革命精神教育，寻求加强思想政治教育的新途径和新方法。充分利用红色文化资源加强思想道德建设和党的建设，传承红色基因，就成为一个十分重要的途径。

2. 国家战略的考虑

我国实行经济体制改革和产业结构调整以后，包括旅游业在内的服务行业发展迅速。同时由于人民收入水平的提高，民众休闲时间的增多，旅游业在快速发展的同时，也需要充分利用红色文化这一优势资源，调整旅游产品和旅游市场结构，延长旅游产品链，突出旅游文化内涵，提高经济效益和社会效益。

改革开放以来，我国经济建设取得举世瞩目的成就。但是由于实行逐步推进的战略，城乡、区域发展不平衡问题再次凸显。特别是过去为中国革命胜利做出重大贡献的革命老区迫切需要改变贫穷落后的面貌。而发展红色旅游就成为开发和建设革命老区以及建设社会主义新农村、构建社会主义和谐社会、实现小康的重要手段。

3. 建设先进文化的要求

改革开放以来，国外各种思潮的涌入，市场经济副作用的影响，以及国内封建思想的重新泛滥，严重影响着人们的精神面貌和日常生活，这就迫切需要把红色文化遗产融入当代文化建设之中，建设面向现代化、面向世界、面向未来的民族的、科学的、大众的社会主义先进文化，丰富人们的精神世界，振奋精神，净化心灵，让人们以更充沛的精力和精神面貌投身社会主义现代化建设，为实现小康、和谐社会建功立业。

（二）国际背景

从经济上看，国际和平、发展的时代主题与国际经济全球化为红色旅游发展提供了良好机遇。高新技术的迅猛发展，特别是信息通信技术以及交通状况的改善，使人们的信息交流手段、出行条件得到了极大改善，也为旅游业的快速发展提供了难得机遇。

从思想文化上看，在世界多极化的同时，国际霸权主义和敌对势力时刻不忘对我国实行西化、分化的政治图谋，通过各种渠道进行思想文化渗透，输出价值观，制造思想混乱，企图瓦解我国人民的精神武装。这就需要通过发展红色旅游，进行革命历史教育、爱国主义教育和民族精神教育，增强理论自信、制度自信和文化自信，构筑一道坚不可摧的精神防线。

四、发展红色旅游的意义

（一）有利于加强和改进新时期爱国主义教育

"红色精神"是革命之本、建国之本，是推进发展和改革的不竭动力。全面建设小康社会，实现中华民族伟大复兴，必须弘扬这一主旋律。加强对青少年的"红色"教育，更关系坚持建设中国特色社会主义的重大战略。在市场经济和全球化的背景下，精神文明建设和革命传统教育在内容和形式上都需要创新，需要贴近生活、贴近老百姓，并与时代并进、与国际趋势接轨。

"红色旅游"实现了传统的教育与现代休闲方式的有机结合，寓教于游、寓教于乐，宣传的是政治内容，采取的是市场手段，满足的是人民群众需求。它实现了三个文明建设的有机结合，在推进产业经济发展的同时，也推进了精神文明建设，收到事半功倍的效果，真正使"红色精神"深入人心。

当今时代的青少年生长在衣食无忧的和平环境里，对艰苦的战争年代没有感性认识，对革命前辈的高尚情操也缺乏深刻理解，所以更需要加强以爱国主义为核心的民族精神和以改革创新为核心的时代精神的教育。红色旅游充分利用了其产品内容丰富、内涵深远的特点，承载着对旅游者进行革命历史和革命精神教育的重任，通过对红色旧址、遗迹、革命纪念地等的参观，寓教于乐，使他们用放松而平和的心态去了解我党领导中国人民革命和建设的历史，冷静客观地看待今天社会上的不良或消极的现象，从辩证的角度思索国家、民族命运，从而在潜移默化中树立正确的世界观、人生观和价值观，保持自强不息、昂扬向上、开拓进取的精神状态。红色旅游的开展可极大地满足中国思想政治教育的社会需求，发展红色旅游是党中央加强思想道德建设和加强思想政治教育重大战略部署的一项重要举措。

（二）有利于保护和利用革命历史文化遗产

革命历史文化遗产是中华民族宝贵的精神财富。遍布全国各地特别是革命老区的纪念馆、革命遗址烈士陵园等爱国主义教育基地，是社会主义思想文化的重要阵地。通过发展红色旅游，把这些革命历史文化遗产保护好、管理好、利用好，对于建设和巩固社会主义思想文化阵地，大力发展先进文化，支持健康有益文化，努力改造落后文化，坚决抵制腐朽文化，具有重要而深远的意义。

由于目前纳入国家文物保护单位的红色旅游资源并不多，许多遗址、旧居等宝贵文物尚未得到有力保护。而且，红色旅游资源遗产散见于老百姓的生活之中，往往没有形成大规模的实体建筑或实物，如果再不及时加强保护，很容易消失。基于这两个方面的原因，红色旅游资源的保护任务很紧迫。通过实施"红色旅游"工程，促进资源的全面保护，形成一套完整的文化遗产。这些年的实践证明，发展红色旅游，对解决革命纪念馆、陈列馆等单位的资金困难和改善其宣传、展示、管理、保护状况发挥了比较明显的作用。

（三）有利于带动革命老区经济社会协调发展

革命老区大多地处偏远，经济发展水平普遍不高。帮助老区人民尽快脱贫致富，是各级党委和政府的重要任务。红色旅游产品作为中国历史发展进程中一个重要阶段的文化遗产和中国特有的历史文化遗产，对游客有着非常大的吸引力。旅游者在游历革命圣地时一方面游山玩水，另一方面则抚今追昔，了解战争年代的艰苦生活、感受先烈们峥嵘岁月中所迸射的革命光辉，进而认同并珍惜现在的幸福生活。井冈山精神、长征精神、延安精神、西柏坡精神以及反映这些精神的革命纪念地是中华传统精神的延续和展现，老区是净化旅游者灵魂的革命朝圣地，这也是游客热衷于红色旅游的重要原因。发展红色旅游，是带动老区人民脱贫致富的有效举措，可以将历史、文化和资源优势转化为经济优势，推动经济结构调整，培育特色产业，促进生态建设和环境保护，促进革命老区基础设施建设，特别是促进交通、建筑通信、水电等基础设施完善，带动商贸服务、交通电信、城乡建设等相关行业的发展，扩大就业，增加收入，改善当地人民生活水平和生产发展条件，有助于革命老区在扩大对外开放方面获得较快发展，为革命老区经济社会发展注入新的生机活力。

第二节 红色旅游发展历程

江西最早将"红色"和"旅游"两个词语结合到一起提出来，虽然当时颇有争议，但"红色旅游"作为专业术语迅速传播开来。

一、萌芽阶段（1949年—1976年）

红色旅游最早是从有组织的革命传统教育孕育演化而来的。起初，革命圣地和纪念地只是用于革命传统和政治思想教育，供人们参观和学习。20世纪六七十年代，我国青年兴起了瞻仰革命圣地的热潮，这时期，革命圣地和纪念地作为开展爱国主义教育、革命传统教育和政治思想教育的阵地，在人们心中建立起了品牌形象，如延安、井冈山、瑞金、嘉兴、西柏坡等。在这一阶段接待费用都由单位支付，接待方也将其作为事业性、政治性的工作任务来完成，没有形成产业化。

新中国成立初期，国外颠覆共产党的势力和国民党的残余势力还很大，所以在新中国成立后的一段时间内，新中国仍以阶级斗争为纲，中国共产党的领导需要进一步得到巩固，人民政权需要得到夯实，马克思主义相关理论需要得到宣传。因此，新中国成立以后，为了进一步加强革命传统教育和爱国主义教育，政府开始对中国共产党成立以来领导中国人民进行社会主义革命的根据地和纪念地等进行修缮及保护性开发，并开展参观和学习活动。因为红色象征着革命，因此这种参观和学习中国共产党革命斗争相关事迹的活动在某种意义上便成为最初的红色旅游活动，也就是红色旅游的萌芽阶段。这一阶段的红色旅游活动具有以下特点：

首先是政治性强。红色旅游是中国共产党出于政治教育目的而开展起来的，与"旅游"相比，它更是一种参观学习活动，或者说只属于广义上的旅游，而不是狭义上游山玩水的旅游活动。其次是形式比较单一。这一阶段的红色旅游活动主要是以政治接待活动为主，1961年3月，随着第一批全国文物重点保护单位的公布，国务院号召各省、自治区、直辖市的人民委员会对一些重要革命事迹纪念馆和伟人故居进行修缮，并作为政治任务接待相关人员进行参观学习活动。出于担心国内外反动势力趁机作乱，对参观对象也做了一些限制性的要求。

虽然这一阶段的参观学习活动算不上真正意义的旅游活动，但活动的性质非常"红色"。通过对革命纪念地和伟人故居的参观和学习，使中国人民更加拥护中国共产党的领导，更加坚定了活动参与者的共产主义理想和信念，以及实现共产主义的信心。

二、起步阶段（1977年—1997年）

随着1978年党的十一届三中全会的胜利召开，社会主义初期阶段基本路线确立，新中国党的工作重点开始转移到经济建设上来，党和国家的历史进入了新篇章。随着改革开放的扩大，我国的旅游业也开始发展起来，逐渐由原来单一的接待模式向经济创汇型转变。

20世纪80年代中后期，随着我国经济的快速发展，人民生活水平迅速提高，国内旅游快速崛起。不少革命圣地和纪念地凭借已有的知名度和完善的服务设施，转变观念，开始逐步参与旅游接待。他们依托现有的资源和接待条件，配套必需的食、住、行、游、购、娱等六要素，加上已有较高的知名度，在起步阶段得到了快速发展，如井冈山延安等地区。

随着红色旅游的发展，国家加强了对一些典型革命纪念地如延安、井冈山、韶山等景点的基础设施建设；继1982年公布了第二批全国重点文物保护单位后，国务院于1986年又公布了第三批全国重点文物保护单位名单，其中包括35处革命纪念遗址和伟人故居，如西柏坡中共中央旧址，李大钊、周恩来、刘少奇、朱德等老一辈革命家的故居；时隔十年，1996年，国务院又公布了第四批全国重点文物保护单位名录，在第四批公布的262处历史遗迹中，包括建党以来的近30处革命纪念地，如八路军桂林办事处旧址、晋绥边区政府及司令部旧址等。红色旅游已经潜移默化地成为革命老区脱贫致富的渠道之一，红色旅游已经不单单是政治活动和文化活动，也成为经济活动。在此期间，国家自1995年5月1日起，开始实行双休日，为发展旅游业提供了时间上的保障，国内人民闲暇时间增多，满足了出行旅游的必备条件。这一阶段红色旅游的发展主要有两个特点，其一是发展形式开始多样化。红色旅游的发展已经开始由单一的接待转变成教育基地，并向红色旅游景点、景区过度。党的十一届三中全会后，以邓小平为中心的党中央开始重视思想政治教育，并有计划地组织开展革命传统教育，一批革命纪念地开始转变为革命精神和爱国主义精神的教育基地；随着旅游业整体环境的变化和发展，红色旅游景区景点开始成立，并接待国内外游客。这一时期的红色旅游开始具有了真正意义上"旅游"的性质。其二是政府主导。由于红色旅游仍处于起步阶段，国家加大了对革命纪念地、纪念物等的保护力度，并投入了很大的人力和物力，使红色旅游资源得以保护；同时，加强红色旅游基础设施如公路、接待设施的建设，使红色旅游得以顺利开展，提高了红色旅游景区景点的可进入性。这一阶段，市场介入并不多，红色旅游的发展显现了政府主导的强大功能。

三、初步发展阶段（1998年—2003年）

20世纪90年代中后期，旅游业成为我国国民经济新的增长点，各地投资旅游业的积极性、主动性明显增强，每隔几年就有一个重大的纪念活动，为红色旅游注入了排浪式的发展动力。由于每次重大活动的前期准备都较为充分，宣传报道集中有力，一大批革命纪念地的文物、遗址结合国家纪念活动的开展得到了相当程度的修复，各地的交通条件和城市环境也都有了很大改善，旅游基础设施和接待条件大为改观；各地政府普遍在革命圣地和纪念地举办了各种形式的纪念活动，红色旅游概念被正式提出；国家从帮助革命老区和革命纪念地培育新的经济增长点出发，积极支持地方开发红色旅游产品，举办了"红色旅游交易会"，开展了各种形式的红色旅游推广活动，使红色旅游逐步形成规模并开始走向市场，形成了创历史纪录的接待高峰，源源不断的客流创造了巨大的经济效益和社会效益，使红色旅游明显上了一个新台阶，各地发展红色旅游的积极性、主动性也明显增强。

1999年江西省将"红色"和"旅游"两个词语结合起来，这对红色旅游来说是一个具有里程碑意义的开始。"红色旅游"概念提出初期，受到很多争议，大部分人认为"红色"强调的是革命、是教育、是一个政治概念，而"旅游"则是游山玩水，是一个经济和文化的概念，将红色和旅游结合起来，好像使"红色"褪色。但即便如此，自2000年开始，学术界开始研究红色旅游，理论来源于实践又指导和促进实践的发展，学术界关于红色旅游的研究成果进一步促进了红色旅游的发展。

1999年，国家公布了《全国年节及纪念日放假办法》。自此，人民群众一年之中有了三个7天长假，为长途旅游提供了必备条件，为旅游业的发展提供了大量的客源。由于长假制度的实施，充分拉动了内需，促进了消费，旅游业是收益最大的产业之一。出门旅游，首先要有钱，其次要有闲。在改革开放前，我国出去旅游的人很少，主要原因是没有经济实力，当时，中国经济发展较为落后，人民生活相当困难，大部门人民没有出游资金。而随着党的十一届三中全会的召开，中国经济开始恢复，人民生活逐渐富裕，越来越多的人满足了出游要"有钱"的条件。1995年双休日制度和1999年"黄金周"制度的实施，无疑是给人们提供了"有闲"的条件。于是国人出游的热情被激发，1999年国庆节，第一个黄金周期间，全国出游人数达到2800万人次，旅游综合收入141亿元。2001年，一些革命纪念地成立了红色旅游协作组织，通过加强区域间协作来共同促进红色旅游的发展。此阶段的红色旅游主要表现为以下几个特点：首先，红色旅游已经开始市场化。这一阶段的红色旅游，虽然仍是政府主导，但已经有企业开始介入，市场化趋势逐步显现。其次，已显现一定的经济效益。可以说，红色旅游自从胚胎时期就显现出较强的社会效益，它的红色基因注定了取得社会效益是发展红色旅游的重要目标，但随着市场的介入，各个地区的红色旅游也已经开始为当地的经济发展做出贡献。

四、全面发展阶段（2004年至今）

2004年，李长春到河北视察工作，第一次对红色旅游做出了科学界定，还指出要积极发展红色旅游。同年，全国第一次旅游工作会议在郑州举行，在会上，红色旅游资源大省江西牵头河北、陕西、广东、福建、北京、上海六省市共同签署了《郑州宣言》，决定打造一条红色旅游概念的旅游线路，目的是通过区域间协作，共同推动红色旅游的发展。2004年11月，李长春再次到河北进行考察；2004年11月2日，石家庄市政府邀请我国红色旅游基地（井冈山、西柏坡、韶山、延安、遵义）的负责人到石家庄参加红色旅游论坛，响应李长春关于红色旅游"五大工程"的指示精神。论坛取得了丰硕成果，五大基地负责人分别就各自地区红色旅游发展的概况做了介绍，最后签署了"西柏坡共识"。"西柏坡共识"指出，各地区要科学规划，为实现建立全国一流红色旅游景区的目标而努力，为全国红色旅游的发展树立楷模。

2004年，国务院开始对全国红色旅游的发展做整体部署。2004年12月，中共中央办公厅、国务院办公厅颁布《2004—2010年全国红色旅游发展规划纲要》（以下简称"第一期规划纲要"）。第一期规划纲要的出台，标志着中国红色旅游开始进入全面发展阶段。2009年1月20日全国红色旅游工作协调小组召开了第六次会议，会议讨论了《关于编制红色旅游后续发展规划的工作方案》。为了促进红色旅游健康和快速发展，中共中央办公厅、国务院办公厅又分别于2011年5月和2016年10月颁发了《2011—2015年全国红色旅游发展规划纲要》和《2016—2020年全国红色旅游发展规划纲要》（以下分别简称为"第二期规划纲要"和"第三期规划纲要"），这两期规划纲要分别于十二五和十三五规划的开局之年颁布，也显示了这两期纲要的战略意义。

第一期规划纲要指出了发展红色旅游的重大意义，从指导思想、基本原则、发展目标和主要任务几个方面制定了发展红色旅游的总体思路，对红色旅游在全国开展进行了总体布局，并进一步制定了发展红色旅游的具体实施措施。第一期规划纲要的颁布对发展红色旅游具有里程碑的作用，标志着红色旅游进入全面发展阶段。第二期规划纲要制定了十二五期间红色旅游发展的总体布局，指出了发展红色旅游新的五大任务，以及实施的六大措施。

第二期规划纲要是在第一期规划纲要实施的基础上发现问题，提出解决方案和新的任务，深度挖掘红色旅游的内涵的规划纲要，它制定了新的发展目标，规划到2015年，列入全国红色旅游经典景区名录的重点景区基础设施和环境面貌得到全面改善，重要革命历史文化遗产得到有效保护，红色旅游宣传展示和研究能力明显增强，配套服务更加健全，广大人民群众参与红色旅游的积极性和满意度显著提升，综合效益更加突出；到2015年，全国红色旅游年出行人数突破8亿人次，年均增长15%，占国内旅游总人次的比例提高到四分之一，综合收入突破2000亿元，年均增长10%，累计新增直接就业50万人、间接就业200万人。这意味着党中央对发展红色旅游予以了高度重视，将极大促进红色旅游继续稳步发展。

第三期规划纲要主要从前两期规划纲要颁布以来红色旅游发展实施过程中出现的一些问题出发，更加突出强调红色旅游发展的三个方面内容，即强调红色旅游的理想信念教育功能，强调革命老区通过发展红色旅游实现脱贫，强调红色旅游要走内涵式发展之路，进一步提升红色旅游的社会影响力，第三期规划纲要的颁发，为红色旅游在"十三五"期间的发展指明了方向。

全国各地的红色旅游在三期规划纲要的指引下迅速发展起来，2005年4月，成立了全国红色旅游工作协调小组。中国旅游报社主办成立了中国红色旅游网，该网站由红色旅游工作协调小组业务指导，文化和旅游部（原国家旅游局）主管。作为红色旅游的门户网站，中国红色旅游网负责红色旅游和红色文化的宣传工作，利用网络的力量，扩大红色旅游的影响力，并实时对一些相关专题、论坛等进行专题报道，对红色景区、景点及红色旅游线路进行宣传，拓宽了红色旅游信息传播的渠道。

2008年国家发改委联合八部委和国家旅游局、民航局、文物局、中央文献研究室和党史研究室发布了《关于进一步促进红色旅游健康持续发展的意见》，提出要充分认识新形势下发展红色旅游的重要意义，提升红色旅游发展质量和推动产业转型升级，着力加快完善红色旅游资源保护体系，加快红色旅游精品体系与配套服务建设，加强人才队伍与创新能力建设；统筹推进红色旅游与自然生态、历史文化、民族风情、乡村休闲、都市生活等各类旅游资源的融合发展。

加大红色旅游投入支持力度,进一步加大资金投入,拓宽融资渠道,稳步推进博物馆、纪念馆免费开放工作,加大政策支持力度;充分利用文化和广播影视新闻出版等加强红色旅游宣传推广;进一步完善发展红色旅游的体制机制。

这一阶段红色旅游的特征主要表现在以下五个方面:

第一,红色旅游大众化。红色旅游的发展不仅要求游客有"钱"、有"闲",还要有"文"。改革开放以来,人民的物质文化水平迅速提高,红色旅游活动的参与者逐步大众化,由原来的政府、国有企业等单位职工,以及接受教育的学生团体等发展到普通老百姓。根据驴妈妈网的一项调查报告显示,2016年1月至7月,通过驴妈妈平台参与国内红色旅游的人次是2015年同期的2.19倍,其中40岁以下人群占到出游总人数的七成以上。2016年,全国红色旅游景区景点共接待游客11.47亿人次,综合收入达到3060.9亿元。而在2010年,全国红色旅游接待游客仅为4.3亿人次,相当于6年时间内增长了近7亿人次,发展速度迅猛。

第二,红色旅游的综合效益显著。自2004年全国大规模发展红色旅游以来,截至2018年,14年间,红色旅游已经取得了明显的社会效益、政治效益和经济效益。2015年,全国红色旅游经典景区全年共接待游客1.88亿人次,旅游总收入24.33亿元;重点红色旅游城市共接待游客4.53亿人次,实现2869.81亿元的旅游总收入。

第三,红色旅游开始国际化。红色旅游是具有中国特色的旅游品牌,但其蕴含的革命精神却又有国际化的性质。2015年起,红色旅游办公室开始着手策划红色旅游国际精品线路,并发布了中国首批11条红色旅游国际化精品线路。

第四,红色旅游产品多样化。历经几十年的发展,红色旅游产品已经由新中国成立初期单一的参观革命纪念地,发展成了红色旅游景点、景区,旅游产品多样化,"红色旅游+"的模式越来越得到各地政府的认同。

第五,以政府为主导,但市场对资源配置起基础性作用。红色旅游的政治和文化功能本身决定了要由政府主导其发展,而红色旅游的经济功能又需要市场来增加活力。随着红色旅游开始大众化,旅游产品逐渐多样化,市场的介入越来越多,市场发挥的作用也越来越明显,市场这只无形的大手在旅游资源的合理高效配置中起着基础性作用。

第三节 红色旅游发展现状

在我国，红色旅游虽然日渐升温，但是却有一些问题亟待解决：为了分得红色旅游的一杯羹，一些地区在红色资源开发条件尚不成熟，且在没有进行科学规划的情况下盲目跟风；某些景区为了追求与红色旅游挂钩，千方百计开发了一些低水平且缺乏竞争力的所谓的红色旅游资源，而实际上这些资源的红色教育功能与旅游之间相互孤立，这不仅是对人力、财力、物力的浪费，同时也对历史文化资源造成了破坏；有些红色旅游景点景区一味追求经济收益，却忽视了发展红色旅游最重要的意义。红色旅游的发展要把握好方向，红色旅游的六大核心特点，即政治性、思想性、公益性、主题性、继承性、一致性决定了红色旅游发展的方向。其中，思想性特点要求在红色旅游中要通过引导引发客的思考，最后引起游客对红色文化的共鸣和认同，红色旅游应当是一种深度体验型旅游活动。而一致性则要求，在红色旅游活动中，红色文化要与旅游一样，都能为人们带来情感的寄托与心灵的洗礼。

一、国内外红色旅游发展状况

（一）红色旅游国内市场发展状况

1. 红色旅游活动大众化

红色旅游经历了十几年的快速发展，现在已经成为大众喜爱的旅游活动之一。也已经成为广大党员、青少年接受爱国教育的主要活动形式。红色旅游活动的开展之初是面向特定群体，即主要是党政干部和青少年，但是随着红色旅游的快速发展，红色旅游的参与者已经扩展到了更为广大的人民群众，呈现出全民参与红色旅游，全民接受红色教育的景象。虽然通过红色旅游所取得的社会效益，尤其是全民接受红色文化教育的程度无法用数据加以衡量，但是从全民参与红色旅游的热情可以看到，人们对红色文化的认同，对革命精神的崇拜大有提高。

自1999年江西提出"红色旅游"概念以来，红色旅游在全国蓬勃兴起，红色旅游市场开发在各地受到重视并得到实施，全国红色旅游健康稳步发展。截至2021年，我国红色旅游保持持续增长态势，发展规模不断扩大。2004年以来，红色旅游在我国开展得如火如荼。2017年1月，国家发展改革委员会、国家旅游局等14部委联合公布了《全国红色旅游经典景区名录》，包含了300

个红色旅游景点景区,这些景点景区分布在 31 个省级行政区的 350 行政区域内。根据 2018 年初中华人民共和国文化和旅游部公布的数据,全国各红色旅游景区景点共接待游客 34.78 亿人次,经济收入高达 9295 亿元。红色旅游已经取得了较为显著的社会效益和经济效益,这一旅游形式已经成为党密切联系人民群众的重要渠道,成为传承革命精神和加强爱国主义教育的重要载体,同时中华人民共和国文化和旅游部 2018 年全国旅游工作报告也是大部分革命老区促进经济和社会发展的重要途径之一。

2. 红色旅游的影响力逐年递增

随着红色旅游宣传力度的加强,加上国家舆论导向的引导,红色旅游逐渐走进了大众视野。各级政府加大了对红色旅游景点景区的投入,增加了对红色旅游相关项目的支持力度,各大网络社交媒体也争相报道,广大人民群众对红色旅游的热情有增无减,通过参加红色旅游活动,人民群众对红色文化的认识不断加深,在伟大中国梦的引导下,在弘扬中华民族优秀文化内在需求的牵引下,发展红色旅游,弘扬红色文化已经在全社会引起了高度的重视。

3. 众多革命历史遗产得到了修复和保护

各地政府明确了革命遗址遗迹的保护和管理的主体,指定了管理和监督保护革命历史遗存的部门,并出台了专门的文件来落实管理措施,同时保障政府资金的专款专用,切实起到保护革命遗产的作用。

在发展红色旅游的过程中,革命遗产得到了修复,红色遗产的保护取得显著成效。在各级政府的积极支持和引导下,大部分红色旅游景区景点在发展红色旅游、开发红色旅游资源时都能坚持"在保护中开发,在开发中保护"的原则,把修缮和保护革命遗址遗物与发展红色旅游结合起来,在开发利用中非常重视合理地规划红色旅游线路,力求实现红色旅游的可持续发展。

(二)红色文化资源的保护、开发与利用

红色文化资源是开展红色旅游的依托,所以保护好红色文化资源,是开展红色旅游活动的基础和前提。合理开发利用这些资源,建设纪念性设施,是红色旅游吸引物的主要构件。

1. 革命文物保护方面

1950 年 3 月筹备革命博物馆、6 月政务院发布征集革命文物命令,标志着新中国革命文物保护和中央革命博物馆建设的开始。1953 年,北京市召开会议决定进行文物普查摸家底的工作,逐渐发展到全国。1956 年,中央曾经印发过一个记有 8000 多处文物保护单位的名单；1956 年 4 月，国务院在《关于在农业生产建设中保护文物的通知》中提出："必须在全国范围内对历史和革命文物遗迹进行普查调查工作……分批分期地由文化部报告国务院批准，置于国家保护之列。"1961 年，国务院公布了第一批 180 处"国保"单位。1982 年，第二批 62 处"国保"单位公布。6 年以后，又有 258 处被公布为第三批"国保"单位。1996 年、2001 年和 2006 年，国务院又先后公布了第四、第五和第六批"国保"单位，数量分别为 250 处、518 处和 1080 处。2013 年 5 月 3 日第七批"国保"单位公布，共计 1943 处，另有与现有全国重点文物保护单位合并的项目共计 47 处。第一至第七批国保单位总数为 4295 处。这些受到保护的"国保"中，相当部分属于革命历史文物。

2. 革命烈士遗址保护方面

据民政部统计，自革命战争年代以来，先后约有 2000 万名烈士为中国革命和建设事业献出自己宝贵的生命。这些先烈大多数没有留下姓名。目前，有姓名可考、已被列入各级政府编纂的烈士英名录中的仅有 180 万人左右。为告慰先烈、教育后人，各地修建了烈士纪念设施，包括烈士纪念墓、烈士陵园、纪念堂（馆）、纪念碑（亭）、纪念塔（祠）、纪念塑像、烈士骨灰堂等。1986 年，我国制定烈士纪念设施的分级管理办法。1995 年，完善四级管理保护体制，后又下发《关于加强零散烈士纪念设施建设管理保护工作的通知》，我国烈士纪念设施管理制度全面建立。据不完全统计，目前，全国大概有重点烈士纪念设施保护单位 181 个，其他县级以上保护单位约 3000 个，设立专门管理机构的有 1133 个。此外，全国还有 100 多万座散葬烈士墓和 7000 余处零散烈士纪念设施。

3. 纪念馆建设方面

1951 年 2 月 6 日，韶山毛泽东同志故居对外开放。随后，延安革命纪念馆、广州农民运动讲习所旧址纪念馆、遵义会议纪念馆、瑞金革命纪念馆、西柏坡纪念馆、南昌八一起义纪念馆、南京太平天国历史博物馆、上海中共一大会址纪念馆等陆续筹备或成立，并成立了一批人物纪念博物馆，如上海鲁迅纪念馆、徐悲鸿纪念馆、李大钊故居纪念馆。20 世纪 50 年代末，中国历史博物馆、中国革命博物馆、中国人民革命军事博物馆、人民英雄纪念碑等相继建成。世纪之交前后，再次掀起建馆热潮，威海甲午海战馆、中国近代史博物馆、井冈山革命博物馆、八路军太行纪念馆等一大批革命纪念馆经过改建、扩建和新建，不仅旧貌换新颜，而且展示方式和手段大大增加。

（三）红色旅游目的地建设

按照历史文化内涵，兼顾行政区划，可以划分为重点大区、系列景区、景区和景点。红色旅游文化内涵丰富厚重，有各个阶级、阶层的，有内求改革外御敌寇的，主题不尽相同。按照相对集中的原则，基于就近的要求，以相同的文化主题划分不同主题的旅游区域、系列景区、旅游景区和景点。

旅游区域：12个重点红色旅游区，大部分都是跨省的，资源的分布比较分散，不宜作为旅游活动的基本单元，所以大部分都应列为旅游区域。

300个红色旅游经典景区，则可按照红色旅游目的地构成要件，相应地划分成旅游区、景区和景点。

30条红色旅游精品线路应根据不同情况划分为旅游带或旅游线路；这些带状或路线均为线性布局，其方向大多超出旅游区范围，面向各级旅游区。连接，它的发展需要立足于各个旅游区的发展。划分旅游区、景区、景区主要有四个标准：第一，历史文化内涵必须相对一致，使红色旅游目的地形成自己的区域形象和特色主题；第二，在地理范围上相对于同一行政区域，即在旅游区划中考虑地理区域和城市的行政隶属关系；第三，资源分布的紧密性，即根据资源在空间上是否紧密分布来划分旅游区和城市；第四，区市面积要表现出相对层次，即级别越高，面积越大。

对照空间范围，可以划分为国家级、区域性、城市级、景区等。按照历史时间即内涵性质，分为近代、现代、当代红色旅游目的地。如同红色旅游内涵历史分期一样，自1840年以来，可以划分为近代、现代和当代红色旅游目的地。近代又可以分为反抗外敌入侵、农民革命、地主阶级变革、资产阶级改良、资产阶级革命；现代又可以分为新民主主义革命、社会主义革命与建设；当代是自改革开放以后。

目前我国红色旅游目的地建设还很不平衡。许多地方成为可以参观游览的景区，少数地方发展成熟成为目的地，大多数地方开发不全面，其旅游市场和旅游商品开发远不及其他类型的旅游目的地成熟，还不能称其为红色旅游目的地。一些地方存在误解，例如简单地将"旅游目的地"与区域概念画等号，缺乏产业整合和提升的实力，或者认为只有一种或几种高水平的旅游资源才能形成旅游目的地，或者完全没有旅游目的地的概念，满足于"留住路人"和"赚票钱"，这些问题制约着红色旅游产业的可持续发展。因此，打造红色旅游目的地意义重大。

红色旅游目的地是一个考察红色旅游影响和作用的基地。它把红色旅游的所有要素包括需求、交通、供给和市场营销等都集于一个有效的框架内，是建立旅游者所需要的旅游吸引物和服务设施的所在地，也是满足游客各种需求的接待服务中心，更是红色文化传播的载体。红色旅游目的地是红色旅游体系中最重要的因素，是红色旅游活动中最重要和最有生命力的部分。它能够通过形象、设施和服务等，吸引人流、带动物流、资金流、信息流等，从而激活旅游通道、客源地、目的地等整个旅游体系。具体来讲：一是延长产业链，提高整体效益；二是促进产业融合，提升可持续发展能力；三是塑造区域形象，打造区域名片。

（四）我国红色旅游快速发展的原因

1. 根本原因

习近平指出，红色旅游的底色是红色，红色是革命的象征，也是光明的象征。红色旅游兴起是因为这种旅游活动孕育着红色基因。红色旅游的本质特征就是"红"。

（1）红色旅游的"内容红"

根据第一期规划纲要的规定，红色旅游要围绕八个方面的内容开展。这八方面的内容可以概括为反映中国共产党在领导新民主主义革命和社会主义革命过程中所体现的各种民族精神，包括不畏艰难、英勇顽强的革命精神，团结奋斗精神，以及反映这些精神的历史事件和革命根据地等历史遗存。在"十二五"规划期间，第二期红色旅游发展规划纲要对红色旅游的内容进行了扩展，将1840年以来中国人民反抗外来侵略等的历史文化遗存有选择地列入红色旅游开展的范畴。但无论内容如何拓展，红色旅游内容的本质特征没有改变，都是反映一种革命精神，一种理想信念。

（2）红色旅游的"形式红"

不同于其他主题旅游活动的是，红色旅游不是围绕着游山玩水展开，而是以学习为主线。各地开展的红色旅游活动也多种多样，如以红军故事再现的形式拍摄宣传短片或电影，或放映各种关于革命年代的电影等，旅游纪念品主要是以革命战争年代的吃、穿、用等物品为主，主要目的是唤醒游客的红色记忆。

总之，"红"是红色旅游工作的立足点，不能偏离，如果偏离了"红"，红色旅游业就失去了根基，失去了发展红色旅游的社会意义。

2. 直接原因

当前中国面对的国内外局势复杂，治国理政遇到了前所未有的考验，现阶段，我们既要改革求发展，同时还要稳定，在风险矛盾重重的重压下，我们赢得优势、赢得主动、赢得未来，必须不断提高运用马克思主义分析和解决实际问题的能力，不断提高运用科学理论指导我们应对重大挑战、抵御重大风险、克服重大阻力、化解重大矛盾、解决重大问题的能力，以更宽广的视野、更长远的眼光来思考把握未来发展面临的一系列重大问题，不断坚定马克思主义信仰和共产主义理想。

红色旅游的本质特征，使其成为弘扬社会主义核心价值观，实现马克思主义大众化的重要载体。红色旅游就是以旅游为形式和载体，传播红色基因，对游客进行革命传统精神和爱国主义教育，其实质是进行马克思主义教育，使越来越多的人通过参加旅游实践活动，唤起红色记忆，更加拥护共产党的领导，更加认同社会主义道路。现阶段，我们不仅要继续加强经济建设，更要注重理想信念的培养。中央办公厅和国务院颁布的第三期红色旅游规划纲要中更加突出强调了三个问题，其中之一就是加强红色旅游理想信念的教育功能。

3. 重要原因

红色旅游自萌芽阶段就受到国家的重视，后来历经起步阶段、初步发展阶段，到现在的全面发展阶段。红色旅游是在政府的主导下发展起来的，通过发展红色旅游，可以加强共产党的执政能力，并使共产党的领导地位得到巩固，尤其是在现阶段，红色旅游受到各级政府的高度重视。

现阶段，国家领导人多次到革命老区走访视察，并作出指示。根据第一期规划纲要的要求，2004年由国家发改委牵头14个党政部门组织成立全国红色旅游工作协调小组，为各地区红色旅游的发展给予协调和指导。自2004年中央大力发展红色旅游以来，国家已经投入超过500亿资金用于红色旅游建设。

（五）红色旅游国际市场发展状况

据统计，2014年全国红色旅游接待游客达到9.07亿人次，同比增长15.39%；综合收入达2264.78亿元，同比增长14.06%。近十五年来我国红色旅游发展虽然取得了巨大成绩，但红色旅游客源市场主要以国内为主，国际客源所占比例微乎其微。从旅游产品市场发展规律看，这样的市场格局说明红色旅游产业发展具有很强的局限性，市场可持续性发展出现短板和"瓶颈"。造成我国红色旅游国际市场发育不成熟的原因，主要有以下四个方面。

第一，红色旅游发展起步较晚。自1999年江西提出"红色旅游"概念以来，我国红色旅游的发展历程较短，相对于我国旅游业发展历史，红色旅游是典型的新兴主题旅游。新兴事物总是在不断摸索中前进，在高速发展中，难免存在不成熟的地方。在红色旅游快速发展道路上，也存在一些制约性、瓶颈式问题，如红色旅游产品结构单一、红色旅游景区基础设施不完善、旅游服务接待水平不高等，这在很大程度上给红色旅游国际市场的开拓带来阻碍。

第二，红色旅游产品的局限性。一方面，目前我国红色旅游主要表现为爱国主义教育、革命传统教育、红色精神学习等"被动学习"形式，以参观游览为主要方式，红色旅游产品单一、单调、单色，红色旅游项目缺乏参与性、体验性、娱乐性；另一方面，红色旅游属于文化旅游的一个分支，国际市场客源对中国革命历史不甚了解甚至因意识形态的差异而抱有偏见，同时我国红色旅游政府主导的发展方式和红色旅游教育活动的开展方式，不被国际市场所接受。这两方面的原因，在一定程度上制约了我国红色旅游的国际市场吸引力，加大了红色旅游国际市场拓展的难度。

第三，国际市场开拓观念淡薄。思路决定出路，在我国红色旅游国际市场的开发方面，许多人认为红色旅游活动只有中国人会参与，红色旅游与外国人没有任何关系，甚至认为红色旅游是中国的政治问题，外国游客不会感兴趣，同时缺乏开拓国际市场的信心。这种认识并不正确，虽然国际游客并不了解红色旅游的真实内涵和普世价值，对我国的红色历史、红色文化、红色精神的认知并不完整、不深刻，还只停留在肤浅的认识层面，但国际市场对近现代中国革命领袖和发生在中国的重大历史事件认识度比较高，所以红色旅游其实有较大潜在的国际市场，因此，应树立红色旅游国际化的观念，重视对国际市场的宣传与国际客源的开拓。

第四，市场宣传促销力度不够。由于红色旅游的国际市场开拓意识淡薄，我国红色旅游的市场宣传主要针对国内展开，导致针对国际市场的宣传活动基本缺乏。其结果，一方面，国际游客很难接触到关于我国红色旅游产品的信息，由于缺乏相应认识和了解，就更谈不上对红色旅游产生兴趣，另一方面，由于我国红色旅游在国际市场宣传与营销的不到位，使即使对我国红色旅游感兴趣的国际游客，也很难获取红色旅游地的相关信息，导致尽管有了旅游动机，但也无法作出旅游选择，进而无法采取旅游行动。

二、红色旅游发展中存在的问题

虽然红色旅游已经取得了显著的经济效益和社会效益，但是在红色旅游活动的开展中也存在着诸多的不足，有待进一步解决。

（一）活动形式单一，活力不足

至今为止，大部分红色旅游景点景区主要是以橱窗和实物展示等静态方式呈现给旅游者，这种静态的呈现形式虽然是真实场景和历史遗存的客观展现，但是缺乏生动性和活泼性，对游客的吸引力不足，很难激发旅游者的热情和兴趣，更不容易引起强烈的互动和共鸣，旅游者重复出游或再次游览率不高。虽然从旅游目的上讲，红色旅游活动的开展是要用红色文化去感染游客，用革命精神去激励游客，用红色旅游这种活动形式进行党的先进文化的宣传教育，但由于活动开展的形式过于单一和死板，严重影响了红色旅游活动的效果。虽然红色旅游的基础是中华民族的光荣革命历史文化，但它首先是一种旅游活动，所以在开展旅游活动时要注重它的旅游本性，即满足旅游者的消遣和娱乐，在此基础上，再充分发挥它的"红色"功能，只有提高了旅游活动本身的参与性和趣味性，才能充分调动旅游者的积极性，促进红色旅游的持续健康发展。

红色文化旅游作为红色人文景观和绿色自然景观相结合的新型主题旅游形式，既要有相应的红色历史景点，还要有独特的自然风光，如此才能吸引更多的游客前来参观游玩。但由于地域限制，个别红色文化纪念地没有优厚的自然景观条件，因此就需要加强与周边生态自然资源的整合，通过与周边生态景观的融合，构建红色人文生态一体化的旅游景区。

此外，我国的红色文化旅游景区普遍缺乏创新性和独特性，地域性红色文化的特色及其精神未得到体现，由此也就造成了红色文化旅游景区模式单一的现象。由于红色文化旅游景区特征趋同，导致无法吸引游客前来参观。部分红色旅游景区在面向越来越多的年轻群体时，沿用的还是红色景点观光、导游讲解等单一形式，无法满足现有游客多样化的需求。

（二）开发层次不高，重复建设严重

很多地区为了追赶红色旅游发展的潮流，在景区景点的建设中急功近利，简单效仿其他景区的开发模式，开发层次不深，不能深度挖掘本地区的红色旅游资源，形成特色。还有一些景区过于凸显红色旅游的政治色彩，开展的旅游活动面窄且肤浅。在红色旅游活动的开展中，只有将本地区的传统文化融入其中，才能高效利用本地区的资源，形成有吸引力有地区特色的红色旅游活动，才能吸引和留住更多的游客。

大多红色旅游资源较为丰富的地区，经济水平都较为薄弱，经济发展相对滞缓，产业结构不够丰富，缺乏资金来投入红色旅游的发展，因此导致恶性循环，基础设施较为落后，欠缺发展的基本硬件。基础设施跟不上红色旅游发展的需要，景区的接待能力和服务项目达不到游客的要求，极大地制约了红色旅游经济的发展。

（三）开发力度不够，红色旅游品牌难以打造

一是红色物质文化资源的保存与开发质量堪忧。红色文化资源具有不可再生性，但由于多年来对红色物质文化资源的保护不够重视，或是受自然环境的侵蚀，或是年久失修、无人看管，或是因城市经济、乡村建设的发展需要，导致一些遗址遗迹已消失在人们的视野中，比如，云岩区原中山公园、三桥抗战阵亡将士纪念碑；修文县月华山净室寺朱德将军指挥部旧址，龙场镇红二、六军团指挥部旧址等。同时，对已开发的多数红色文化遗址仅限于对纪念馆、纪念广场、铜像、故居旧居的打造，未充分利用声、光、电及 3D 等先进技术进行展示，未形成集旅游企业、旅游商品、文化产品等于一体的红色旅游产业，无法提高红色文化的吸引力和竞争力。

二是红色资源分布分散，开发难度大。当前，红色文化遗址分布分散且大多处于农村地区，交通不便，开发难度大。

三是红色资源的开发和利用缺乏人才。红色文化资源的开发与利用离不开一支高素质专业化的人才队伍，一方面从事红色文化资源的开发与利用的人才较少，大部分地区主要是以当地党史研究室的工作人员和各区（市）县党校教师为主，并且重点在于挖掘红色非物质文化资源，对红色物质文化资源的保护及红色旅游品牌的打造研究相对较少；另一方面，高素质专业化的红色旅游人才较少，我国部分革命遗址处于未开发状态，对红色旅游人才的培养相对滞后。

（四）基础配套设施有待完善

基础设施的完善是大力发展红色旅游的前提条件。我国很多丰富的红色旅游资源位于边远山区或革命老区，经济发展滞后，交通及通信都不通畅，可进入性比较差，成为制约这些地区红色旅游发展的瓶颈。虽然国家及地方政府已经给予了政策和资金上的大力支持，但是，由于部分地区前期条件基础太差，基础设施的完善还需要进一步的资金支持。另外，即使资金到位，一个地区的基础及配套设施的建设和完善也需要相当长的一段时间。

还有部分红色文化旅游景区由于地处偏远，加上基础设施未完善，游客前来参观多有不便，严重影响了游客的体验感，久而久之，游客人数明显下降。

（五）红色旅游景区之间缺乏统筹规划

红色旅游已经在全国大部分地区迅速发展起来，全国红色旅游工作办公室也已经制定了三期全国红色旅游发展规划纲要，指导全国红色旅游的发展。发展红色旅游需要科学的路线规划，以发挥旅游资源的整体效益。然而，部分地区的红色旅游产品在全域范围内分布较为分散，缺乏整体的部署，城市之间还没有建成完善的旅游协作机制，各地方进行红色形象宣传时缺乏有效协调和配合，单个景点居多，缺乏整体规划和长远协作发展战略。地方体制性和行政性的壁垒尚未消除，导致各地旅游产业发展自成体系，造成旅游资源的浪费。这不仅不利于进行联合宣传和整体红色旅游品牌形象的塑造，而且影响地区红色旅游产业的长远发展。在红色旅游规划的实施过程中，很多景区的规划并没有将自身置于全省或全国红色旅游发展的大格局中，以至于很多景区的景点建设雷同，旅游项目相似，形成恶性竞争，没有形成本区特色及品牌，因而在发展过程中对游客吸引力不足。

（六）游客消费有限，经济效益有待提高

虽然红色旅游发展之初，面对的主要对象是全国党政干部和广大青少年，政治目的显著，但随着红色旅游的发展，以及国家政治教育的需要，面对的游客群体已经扩展到广大人民群众，旅游的形式也在逐渐发生转变。但是，目前红色旅游景区的发展模式还是相对比较单一，旅游中的疗养及娱乐等项目不丰富，不能满足游客的多种需求，由此带来的结果是旅游者在旅游地停留时间短，消费不足，给红色旅游目的地带来的经济效益还有待深入挖掘。

此外，由于红色旅游受到政府主导扶持的影响，其人均消费也呈现较低的现象。第一，红色旅游活动多数为政府部门和单位定制，"政府买单"现象在"中央八项规定"精神得到贯彻落实后，情况有所改变，但团队教育拓展训练的形式日益受到市场热捧。但笔者认为，这是由红色旅游的独特功能和性质决定的，也是红色旅游的生命力所在。政府采购、政府买单、政府消费和团体采购、团体买单、团体消费既不能混为一谈，也不能一律排斥政府采购、政府买单、政府消费，适度适量适时的政府买单，既是红色旅游三大工程的体现，也是由红色旅游产品准公共产品属性决定的。第二，不少红色旅游景区（点）实行免票政策，不免票的红色旅游景区（点），针对中小学生、军人、公务员团体等也实行相应的优惠门票政策。第三，红色旅游产品开发仍然停留在初级阶段，开发深度和力度不够，旅游产品体验性不强、旅游商品开发滞后、游客停留时间较短等问题突出,导致游客综合旅游消费水平较低。

（七）接待地生态环境遭到破坏

红色旅游带动接待地经济、社会快速发展的同时,当地的自然环境也受到了很大破坏。

首先,一个地区的自然环境只要有人类的介入就会使其原始性丧失。在旅游业发展的过程中,企业生产排放的废弃物及刺耳的噪声使旅游区的自然环境被污染,破坏了旅游区原有的宁静和清新。资源的不合理开发和利用毫无疑问会破坏旅游区自然生态环境的平衡,如开山炸石、地下水的过度开采等。随着旅游人数的不断增加,旅游垃圾也势必增加,不仅污染环境,还会影响原有动植物的生长,打破生态平衡。另外,旅游基础设施的建设也会占用土地,会使原有的生态环境遭到破坏。

其次,环境具有一定的承载力,尤其是在旅游旺季的节假日期间,游客的大量涌入使得景区的承载力受到挑战。近年来,红色旅游迅猛发展,旅游人数逐年上升,但旅游地的环境承载力不会增加,达到极限时,必定会造成对环境的破坏,甚至是不可恢复的破坏。虽然旅游者的整体素质随着经济的发展而不断提升,但是不文明的旅游行为和现象仍然存在,加上中国人口基数大,旅游人数多,旅游地的环境面临着巨大的挑战。

最后,开发利用的同时,要加强保护。现在红色旅游所采取的一般都是"红+绿"的模式,并不是单一的红色产品,旅游者在接受"红色"熏陶的同时,也去享受大自然的绿色,而绿色旅游资源被享用时会遭到一定程度的人为破坏,比如由于大量游人的踩踏造成土壤板结、树木死亡以及水土流失等。

（八）旅游者对历史的误解

红色旅游活动组织得不合理,解说得不完善、不严谨,也会造成旅游者对革命历史、革命事迹的曲解。

红色旅游活动开展的初衷,是通过参加红色旅游活动,使旅游者对革命史有更深的了解,更加敬佩革命精神,进而影响旅游者的价值观和人生观,并表现在以后的行动中。但在旅游活动的实际开展过程中,会出现一些意想不到的新情况、新问题,使红色旅游的社会效益打了折扣。

首先,在红色旅游活动中,由于旅游从业人员尤其是导游对历史素材了解不深入,在讲解的过程中出现"讲不清"或"乱解说"的情况,还有一些导游为了取悦旅游者,在带团过程中向旅游者讲述一些野史、歪史,或者一些充满低级趣味的故事,错误地引导了旅游者。红色旅游作为旅游活动本身有一定的娱乐性,但就红色文化而言,却是非常严肃的事情,红色旅游的开发者、从业者以及管理者一定要以一种严谨的态度对待,不然红色旅游的发展就偏离了方向。

其次,由于一些景区的急功近利,红色旅游的开发和建设雷同于其他景区。如果各个红色旅游景区之间的差别微乎其微,旅游者就会产生审美疲劳,旅游热情会减退,影响红色旅游的健康可持续发展。各个景区要深挖本地的红色文化资源,不能将红色旅游作为一般的旅游资源打造,在开发建设中要强调文化和教育功能,在吃透历史素材的前提下,以创新的形式开发红色旅游资源。

(九)游客构成上具有特殊性

人员结构:长期以来,许多红色革命纪念地是作为接受爱国主义和革命传统教育的基地来宣传的,同时各级党组织举办的一些先进性教育和群众路线教育活动也大多选择在红色革命纪念地进行。因此,现有红色旅游地的游客构成以干部、军人、学生、中共党员(企事业单位、党政机关等)等为主。

地域结构:从游客的地域分布来看,基本依托国内游客,尤其是红色旅游地的省内市场,海外游客所占比例很小,大部分红色旅游景区(点)的市场以所在地市场和其他省内市场为主,外省市游客主要来自珠三角、长三角、京津唐等我国沿海发达地区,境外市场主要以韩国、日本、东南亚等国家和地区为主。

年龄结构:从游客的年龄结构来看,红色旅游市场的特殊性决定了游客人群主要是在10~23岁青少年和40~60岁中老年人。

组织方式:从游客的组织方式来看,由于红色旅游市场主要由政府推动,而非游客自发性选择,红色旅游市场呈现"团队比例高、散客比例低"的特点。

(十)旅游淡旺季明显

由于红色旅游产品的特殊性,红色旅游的客源变化易受政治、政策、市场等因素影响,大部分时段主要受市场自然调节,在纪念日、节假日等特殊时段受政治、政策因素的影响较大。因此,红色旅游的客源呈现出波浪式的起伏运动状态,整体态势呈现阶段性的淡旺季分布,一般旺季多出现在历史上重要人物或事件的纪念日以及黄金周、周末、法定节假日等时间段,其他时间则为淡季。

(十一)对红色资源的滥用、破坏和闲置

首先是滥用当地红色资源。红色文化可通过不同的方式表现出来,但在开发利用的过程中,没有准确地把握红色文化本身的内涵,对待红色文化绝对不能抱有一种玩耍历史的错误态度，应当对红色文化进行良性解读、剖析，这不是要求将红色资源奉为神明，而是应当通过对历史的审视缅怀过去的艰苦日子、更好更坚定地投入社会主义建设中。

其次是破坏红色资源。我国革命老区大多都处于经济落后、交通闭塞的地区，自我发展和自我更新能力较弱。为了尽快吸引游客，获得较大的经济效益，大多地区在对景区的开发过程中，缺乏规划，急功近利，不顾环境的重负，大兴土木，重复建设，破坏原有的自然景观以及革命遗址的原有面貌。

三、影响红色旅游发展的因素

（一）社区居民的参与

社区居民的参与是影响红色旅游社会效应的重要因素，同时也是推动红色旅游发展的重要动力。红色旅游景区、景点主要位于革命老区，而革命老区中有将近80%位于交通不太便利的山区或丘陵。在开发红色旅游之前，大部分革命老区以传统农业为支柱，经济发展落后，人民生活水平不高。最早将社区参与的概念引入旅游业的人是墨菲，他在《旅游：社区方法》一书中深入研究了社区参与与旅游的关系，强调社区参与与发展旅游活动之间互相影响，互相促进。旅游业本身是一项体验性的社会活动，作为一项主题鲜明的旅游活动，红色旅游与以欣赏自然风光为主的旅游不同，社区的参与尤为重要。

首先，社区居民的参与有助于红色旅游项目规划的制定与实施。旅游项目规划的实施涉及水、电、交通、景点配套设施等各方面的重建或新建，在重建或新建的过程中自然会触碰到当地居民的切身利益。比如，由于景点的规划或者交通路线的开通，需要占用当地居民的耕地甚至是宅基地，这就涉及居民是否愿意的问题；再比如，在规划实施过程中，需要雇佣当地劳动力，如果当地居民对规划持有一种抵制的态度，那么施工就无法进行。总之，社区居民对红色旅游规划的支持与否直接影响着项目规划能否顺利实施。

其次，社区居民的参与直接影响着游客旅游的质量。社区居民的生活方式和朴实的处事方式本身就是一种旅游资源，对外来游客有着很强的吸引力。随着人们出游次数的增多，游客对旅游的需求不再局限于只是游山玩水，而是追求更深层次的体验，希望与当地居民有更多互动，通过这种互动，深层次了解当地文化和风俗。社区和居民是游客体验的主要载体，只有当地居民积极参与，才能把原汁原味的民俗文化传递给游客。

最后，社区参与能保障当地居民的利益。红色旅游的功能之一就是带动革命老区脱贫致富，2016年颁布的第三期全国红色旅游发展规划中突出强调了这一点。通过发展红色旅游，当地居民参与到红色旅游活动中，通过为旅游者提供服务，居民获得就业机会，更多地参与红色旅游的利益分配。要想获得旅游的可持续发展，任何地区都得在满足游客需求的同时，让当地居民利益得到保障。

（二）政府支持的力度

红色旅游是由政府主导开展起来的旅游活动，政府支持和投入决定着红色旅游的发展方向以及红色旅游政治功能、文化功能和经济功能的发挥。

1. 资金投入

旅游业的前期投入很高，回收周期又相对较长，企业出于自身利益的考虑，一般不会介入基础设施建设工作。旅游业为了满足旅游者的需求，必须为旅游者提供所需的服务和产品，而这些服务和产品的实现都是建立在公共设施的建立和完善基础之上的。一个地区要发展旅游业，首先要进行基础设施建设，如水、电、交通以及治安系统等的完善，都是开展旅游业的必要条件，而基础设施的建设和完善需要政府主导来完成。除此之外，自然环境的保护和根据地、纪念馆以及文物的修缮工作也需要政府投入大量资金，为红色旅游的可持续发展奠定基础和提供保障。

2. 政策制定

一要完善相关的法律法规。在红色旅游发展过程中，政府要在对现有相关法律法规进行评估的基础上，结合红色旅游发展的需要，对符合发展的制度进行修改或废除，建设符合红色旅游发展的法律与法规。二要制定监督检查制度。国家发展红色旅游，不仅要实行宏观调控，还要在红色旅游发展的过程中对相关部门和旅游企业等实施监督，防止红色旅游在发展道路上走偏、走歪。随着红色旅游的市场化，一些企业为了追求高利润、高回报，开发一些低级趣味或是扭曲革命史的旅游产品，严重违背红色旅游发展的初衷，政府要及时制止这种行为。

3. 规划设计

在制定一般旅游产业规划时，政府不仅要考虑当地的自然资源和社会人文资源，还要结合本地经济发展的目标。而在制定红色旅游的发展规划时，政府除了考虑以上因素外，还要考虑红色旅游的特殊性，红色旅游不仅是经济工程，更是一项文化工程和政治工程。一个地区发展红色旅游的首要目标是弘扬红色文化，传承红色基因，让革命精神感染更多的人，为践行社会主义核心价值观做贡献。从某种意义上讲，发展红色旅游是一项政治任务，政府要综合考虑以上因素，最终制定出更加合理的红色旅游发展规划。

4. 协调工作

在红色旅游的发展过程中，不仅需要政府出面协调旅游业与其他产业之间的关系，还要协调红色旅游各部门、各企业之间的关系。2004年，按照第一期全国红色旅游规划大纲的要求，国家旅游局（现文化和旅游部）成立了全国红色旅游协调工作小组，随后，许多红色旅游大省也陆续成立了红色旅游协调小组，来指导红色旅游的发展工作。旅游业是集食、住、行、游、购、娱六要素为一体的第三产业，旅游业的发展不可能由旅游部门单独完成，而是需要其他部门来配合协作完成的，需要政府牵头，统筹协调旅游业发展中的各项工作。

（三）红色旅游市场的运行

1. 发展模式

红色旅游传统的发展模式主要有体验型模式、"红绿结合"模式、"红古结合"模式、博物馆模式、可持续发展模式等。采取何种发展模式，对红色旅游社会效应的发挥起着重要影响，各地应因地制宜地选择适宜本地区发展的红色旅游发展之路。"红绿结合"是目前市场比较认可的红色旅游发展模式，用红色精神去感召游客，用绿色的自然风光来拓展市场。现在有些景区已经创新了红色旅游发展模式，如永新县打造了串点连线的红色记忆景观带，通过将废弃的渡槽、荒芜的护坡按照革命年代的样子重修，精心打造了历史大事件的景观带，使游客在路上就能感受到红色文化的气息。

2. 解说系统

对于大部分旅游者来说，对革命史以及革命事迹了解并不是很多，也不是很透彻，大多只是一知半解。旅游接待地由旅游工作者以解说的形式向游客传递知识，使游客拓展知识面，提高对当地文化的认同。不同的解说形式，不同的解说内容，对游客的引导和影响也不同，工作者要以历史事实为基础，而不是讲野史，甚至歪曲历史事实。

3. 表现形式

目前，博物馆和纪念馆的展示形式单一、雷同，让旅游者感到乏味和枯燥，缺乏互动性和体验性。红色旅游景区大多也是模仿当年的建筑，景区之间的建筑风格差异不大，容易使游客产生视觉疲劳，进而影响游客再次出游的积极性，不利于红色旅游市场的良性发展。市场需要营造历史的现场感，通过更多、更丰富、更生动的形式将历史重现在旅游者面前，让游客心灵受到震撼。丰富的旅游产品可以满足不同旅游者的需要，有利于提高旅游者在旅游活动中对红色旅游的整体评价。

（四）旅游者的自身因素

1. 旅游者的偏好

旅游者偏好是一个经济学上的概念，也称作旅游者的欲望或嗜好，是在不考虑收入条件及预算的情况下，对不同旅游产品的兴趣，以及愿意消费的程度，因此，旅游者偏好也是一个感性的概念。影响旅游者偏好的因素有政治、经济、文化等各方面的客观因素，还有自身价值取向、身体条件、心理等主观因素。旅游者偏好影响旅游者对旅游产品进行选择的决策行为，也是影响旅游效应的重要因素。旅游者偏好的主要表现在行为偏好、消费偏好等几个方面。

2. 旅游者的文化素质

人的素质可以分为心理素质、自然素质、身体素质和文化素质等。其中文化素质是人们在生产生活学习的过程中所摄取的知识和能力，是一种较为稳定的内在品质，文化素质的高低直接影响着个体的行为。

旅游者的文化素质不仅影响旅游者偏好，还会对旅游的效应产生影响。与其他旅游相比，红色旅游的特殊性在于红色旅游不是以游山玩水为目的，而是以受教育和熏陶为追求的旅游活动。随着红色旅游的开展，虽然红色旅游区采取了"红色旅游+""红+绿"等发展模式，但"红"的底色没变。参加红色旅游，提高红色旅游的社会效应，旅游活动的参与者要有"文"，如果旅游者在参加红色旅游活动前，对中国共产党的奋斗史一无所知，对社区文化不理解，将严重影响旅游活动中所获得的满足感。

3. 旅游者的价值观

价值观是人认定事物、辨别是非的取向和思维，是一个人的信仰。一个人价值观是在成长过程中，在家庭和社会的双重影响下形成的。价值观对个体行为的选择起着指导作用，决定着人的理想信念、生活目标、追求方向。理想信念的构建是红色旅游发展的任务之一，旅游者的价值观对红色旅游社会效应起着至关重要的作用。在旅游活动过程中，旅游者原有的理想信念、价值观念及思维方式与旅游目的地的文化相互碰撞，或者相互结合，或者接纳新文化，或者更加抵触新文化。如果旅游者前来参观之前就认同红色旅游的文化内涵，经过旅游活动后，旅游者内心更加被触动，对革命精神更加崇拜，并内化到以后的个人行为中。相反，如果旅游者是其他信仰者，经过旅游活动后，红色文化有可能动摇旅游者原来的信仰，也有可能影响甚微。

第四章　新时期红色文化与旅游融合发展的新路径

　　红色旅游作为政治工程、经济工程、文化工程、富民工程，其发展必须遵循我党发展的基本规律和产业发展的基本规律。在充分发挥现有市场体制的作用下，不断创新体制机制，广泛吸纳群众参与，才能保持长久发展的生机与活力，不断向前发展。为此本章从红色文化与品牌建设、红色旅游品牌与城市品牌建设、优化政府职能、红色旅游市场的开发以及地方红色旅游多方位协同发展五个方面展开深入论述。

第一节　红色文化与品牌建设

　　红色旅游产品属于精神文化产品，在红色旅游产业发展的过程中，能够很好地传播新时期的社会主义先进思想和文化。其发展同旅游业的发展一样，是随着社会经济的发展而逐渐发展起来的。革命历史文化遗产作为文化精神的载体，遍布全国各地。通过红色文化资源的开发、利用和保护，可以有效地把这些资源保护好、管理好、利用好，对传承历史文化、发扬革命传统精神、改造落后文化，坚决抵制腐朽文化，具有重要而深远的影响。同时，发展红色旅游是弘扬民族精神，加强青少年思想政治教育、建设社会主义先进文化、建设中华民族共有精神家园的文化工程。通过发展红色旅游产业，给革命老区传授新的思想观念，使革命老区人民与时俱进地跟上时代步伐。在红色旅游的发展过程中，革命老区通过挖掘、整理、利用和发扬革命文化内涵，精心打造老区固有的优势和优秀文化品牌，能够有力地推动社会主义精神文明建设的发展。

一、红色文化的品牌价值

（一）文化与品牌

　　文化与品牌，是两个不同的概念，却有着奇妙的内在联系。文化，是人与自然不断进行物质变换后的人文化成，有着深刻的内涵和广泛的外延。笔者认为，所谓文化就是人类群体性知行合一的过程及其产生的物质财富和精神财富。

品牌，是市场经济中一个具体的营销名词，原本词义是商品名称或商标（核准注册、法律保护），延伸内涵是指商品和服务所具有的稳定的优等品质、特殊品性、高端品位。由于其信得过、靠得住、吸引人的特性，品牌是具有经济价值的无形资产，价值效应影响深远。

文化与品牌，一个是抽象范畴，一个是具体名词；一个存在于精神，一个依附于实体；一个是人文化成，一个是营销策略。二者看似风马牛不相及，却有许多相似之处。如果从动态形成过程看，二者表现出共同的形成规律。笔者曾经把文化形成规律概括为：人们在认识世界、改造世界过程中，先形成对客观事物的科学认知，再对这些认知逐渐逐步认可，进而形成深度认同，最终产生共鸣或共振效应的历程。品牌的形成完全符合这个规律，从品牌形成元素看，商品是各种认知的集合；从品牌生成条件看，是获得消费者或用户的普遍认可；从品牌形成标志看，是形成了对品牌的深度认同；从品牌产生效应看，是汇成了生产者与消费者之间的共振和共鸣。

所以，品牌本身就是一种文化——品牌文化。品牌的文化力表现在：形成可靠信誉、减少交易成本、迅速扩展市场、培育稳定客户、引领消费文化。同时，从品牌的抽象性、特有性、长期性、识别性等一系列特性看，一种文化也完全可以塑造成一种品牌——文化品牌。文化的品牌力在于迅速完成识别、减少犹豫不决、培育忠实信念、保持自信定力。品牌文化和文化品牌，是文化与品牌相互作用、相互影响、相互结合的两个产物，在社会主义市场经济中可以展示各自的效能。红色文化是社会主义市场经济的灵魂，社会主义市场经济具有把社会主义制度和市场经济有机结合，不断解放和发展社会生产力的显著优势，而红色文化在二者的结合上，起着深刻的化学作用。

（二）文化品牌的价值表现

文化品牌的价值表现在两方面：作为精神财富的社会价值和作为无形资产的经济价值。红色文化的品牌价值主要表现为社会价值，同时，也具有不可忽视的经济价值。社会主义市场经济为文化品牌的社会价值和经济价值开辟了广阔的发展空间。发掘红色文化的品牌价值，首先要把红色文化品牌化。任何一种红色文化，都具备了品牌化的基本要素。但真正要实现品牌化，还必须有意识地培育和塑造。新中国成立以来的实践，特别是改革开放后的实践中，从国家层面到地方层面，涌现出大量红色文化品牌化的成功案例。特别是在企业层面上，企业的文化建设把红色文化与品牌塑造有机融为一体，提供了大量鲜活的经验，值得我们从学理上深入总结、概括归纳，发现规律并将其上升为理论。本书就是对红色文化品牌塑造进行有益探索的结晶。实践证明，红色文化具有深刻的品牌价值，需要充分发掘。

（三）社会主义市场经济的红色文化

单从市场经济看，其优势在于充分释放市场主体的活力，通过市场竞争促进生产力、增加社会财富；但其市场失灵的弊病，也会造成社会两极分化和生产无政府状态，阻碍社会进步，这已被资本主义市场经济历史事实充分证明。社会主义市场经济的显著优势在于，社会主义制度从总体上、全局上把控着国民经济的发展方向和目标，从规则上、机制上维护着经济运行的秩序和规则。而这其中，红色文化起着至关重要的关键作用。红色文化在社会主义市场经济中的作用体现在从宏观到微观的各个环节、各个层面、各个领域之中。

首先，社会主义市场经济是有方向和目标的。民族复兴的中国梦、社会主义现代化的方向、两个一百年的目标、精准扶贫和全面建成小康社会这些红色文化，都是社会主义性质所赋予的。相反，市场经济只承认竞争的权威，单靠市场经济是不可能实现社会主义现代化目标的。

其次，构建现代经济体系的战略构想，即构建以创新和协调发展为主导的产业体系,统一开放、竞争有序的市场体系,体现效率和促进公平的收入分配制度,突出优势、协调发展的城乡发展体制,资源节约型、环境友好型的绿色发展体制,多元化、均衡、安全、高效的综合开放体制，充分发挥市场作用和社会效益的经济体制等七个方面，无一不是社会主义制度和市场经济的共同要求，而其中，红色文化发挥着灵魂作用。习近平提出的以人民为中心的发展思想和创新、协调、绿色、开放、共享的新发展理念就是正在形成的新时代红色文化。

最后，在企业文化建设的实践中，更是处处闪烁着红色文化的光芒。特别是从战争年代走来的大型国有企业，把红色文化传承下来，以"令行禁止、使命必达"的"铁军精神"，激励着人们向企业的现代化不断奋进。从许许多多创造出辉煌业绩的民营企业的领导者身上，也可以看到军人风采和红色基因。

（四）以品牌彰显和传承红色文化

党的十九届四中全会指出，我国国家制度和国家治理体系具有十三个方面的显著优势，其中之一就是坚持共同的理想信念、价值理念、道德观念，弘扬中华优秀传统文化、革命文化、社会主义先进文化，促进全体人民在思想上精神上紧紧团结在一起的显著优势。而以品牌彰显和传承红色文化，就是继续坚持这一显著优势，发展社会主义先进文化，广泛凝聚人民精神力量的重要渠道和机制。品牌以其特有的魅力，吸引着自己的忠实粉丝。红色文化品牌，也一定会借助品牌魅力，吸引凝聚一大批忠实的粉丝，彰显红色文化力量，实现中央要求的"坚定文化自信，牢牢把握社会主义先进文化前进方向，围绕举旗帜、聚民心、育新人、兴文化、展形象的使命任务，坚持为人民服务、为社会主义服务，坚持百花齐放、百家争鸣，坚持创造性转化、创新性发展，激发全民族文化创造活力，更好构筑中国精神、中国价值、中国力量"的目标。

"把红色资源利用好，把红色传统发扬好，把红色基因传承好"。红色文化是中国共产党在革命、建设和改革中形成的宝贵精神财富。红色资源和文化不仅具有重大政治价值、教育价值，而且具有重大的社会价值、经济价值和品牌价值。从红色资源到红色文化再从红色文化到红色文化品牌，就是红色资源不断转化、红色资源价值不断提升的过程，这个过程也是红色文化不断嵌入和引领经济社会发展的过程。红色文化品牌不仅包括与红色主题相关的党性教育品牌、博物馆（纪念馆）品牌、红色文创产品品牌和红色旅游品牌，还包括以红色文化为主要特征的红色城市品牌。从全国范围来看，不仅一些经典的红色城市——延安、韶山、南昌、瑞金和临沂等提出了以弘扬红色文化为主要特征的城市品牌建设，而且北京、上海、深圳、广州等国际大都市也都提出了以红色文化为主要内容的城市文化和城市品牌建设目标。

2018年5月，中共上海市委、上海市政府印发《关于全力打响"上海文化"品牌加快建成国际文化大都市三年行动计划》，明确三大重点任务，其中之一就是"全面打响上海红色文化品牌"。为此上海计划实施"开天辟地党的诞生地发掘宣传工程""理论研究传播品牌建设"两大专项行动。2018年12月，深圳提出传承和发扬"东纵精神"，打造深圳红色文化品牌。

2019年10月，广东省委全面深化改革委员会印发《广州市推动"四个出新出彩"行动方案》，全力打响以红色文化为首的四大文化品牌，建设社会主义文化强国的城市范例。为此，广州拟在未来的3—5年建设高水平文商旅融合示范区，把红色革命精神融入城市文化。广州还将建设红色文化传承弘扬工程，主要举措有：建设红色文化传承弘扬示范区、打造广州红色文化地标、深化红色文化研究教育和打造广州"红色之旅"名片。

由此可见，如何塑造红色文化品牌是个有着重大现实意义的实践性课题，需要我们共同关注、共同研究、共同响应这种现实需求，从而提出可行的对策建议。

二、红色文化品牌塑造

从品牌的基础定义出发,我们可以对红色文化品牌的内涵进行界定。红色文化品牌也可以从不同的标准划分为不同的类别。

(一)红色文化品牌的内涵

红色文化品牌是基于红色资源的转换,包括名称、术语、符号、图像、标志、设计或其组合,用于区分与红色文化相关的产品、服务和实体,或者两者兼而有之,可以在利益相关者的意识中形成独特的印象和联想,从而产生有价值的无形资产。

红色资源的转化是红色文化品牌的基础。红色资源的物质载体主要指中国共产党领导中国各族人民在革命斗争和建设实践中所形成的遗址遗迹、文物、烈士陵园、博物馆、纪念馆、展览馆等。红色资源的精神载体主要包括井冈山精神、长征精神、延安精神、西柏坡精神、沂蒙精神,以及革命故事等。红色资源经过转化,形成多种载体的红色"作品",比如:红色电影、电视剧、纪录片,红色歌曲、歌剧、舞剧、话剧,红色绘本、连环画、革命人物传记,以及红色主题的展示展览活动,等等。这些内容丰富、形式多样的红色资源及其转化后形成的各种载体的红色"作品"是塑造红色文化品牌的基础。

红色文化品牌的塑造需要与之对应的品牌名称、品牌标识、品牌形象及相关品牌用语,这些构成了品牌识别系统中的必备部分。其中的品牌名称和标识是塑造品牌的重中之重,相关元素、活动、体验都集中表现在品牌名称和标识在目标群体头脑中的形成的印象。

红色文化品牌的作用是为了区分红色文化相关产品、服务和(或)实体。品牌意味着差异化,品牌的基础功能之一就是凝练品牌相关信息、简化决策过程。2017年12月"中国共产党诞生地·上海"形象表达主题标识正式发布。该主题标识由中国共产党党徽、汉字"上海"、石库门线条和文字"中国共产党诞生地"构成,将广泛用于上海各地区各部门开展党的诞生地发掘宣传工作的环境布置和群众性主题宣传教育活动用品的制作。该标识能够起到区分红色主题教育活动的举办主体的作用。

塑造红色文化品牌的最终结果就是让红色文化"利益相关方"意识中形成独特印象和联想,那么这个红色文化品牌就能够产生价值,这些价值体现在教育、经济和社会的各个方面。比如:我们看到标识,如果能联想到中国共产党在上海思想建党、组织建党、制度建党的光荣历史,就能够使中国共产党诞生地成为上海的红色名片,能够产生教育、经济和社会价值。当然要使红色文化"利益相关方"意识中形成这样的独特印象和联想,还需要我们构建品牌战略管理体系并有效执行。

(二)红色文化品牌的分类

红色文化品牌也可以按不同的标准划分为不同的类别。

1. 根据品牌主体的不同进行划分

根据红色文化品牌的主体即拥有者的不同,可以将红色文化品牌划分为:红色主题教育品牌、红色场馆品牌、红色文创产品品牌、红色主题活动品牌、红色旅游品牌和红色城市品牌等。从品牌的主体来看,红色品牌的范围比较广泛。

(1)红色主题教育品牌

红色主题教育品牌是一个地区或者一个城市主要针对党员开展的党性教育特色项目,这些项目按照品牌管理的思维进行运作,具有品牌理念、品牌名称和标识。教育内容系列化,以多种教育方式与目标受众进行深度互动,在目标受众心目中形成与品牌理念相一致的独特的品牌印象。比如:"i-Party"就是上海黄浦区的一个党性教育品牌,该品牌是以中共一大会址纪念馆丰富的红色资源为依托而创建的。该品牌的理念是:"i-Party"的"i"谐音"爱",寓意新时代党性教育的智能化发展方向,"Party"既可译为我们的"党",也可理解为"聚会",寓意中国共产党人汇聚起来为实现中华民族伟大复兴的中国梦而不懈奋斗。同时,"i-Party"的每个字母还分别寓意着新时代黄浦党性教育的创新性(Innovative)、参与性(Participable)、艺术性(Artistic)、经常性(Regular)、理论性(Theoretical)和活跃性(Yauld)的特点。在"i-Party"党性教育品牌的框架下,黄浦区将通过创新常态化、艺术化、现场化、个性化、云端化的教育手段和活动形式,力促广大党员懂理论、知党史、明党规、提修养。同时推出精品定制、跨界融合、户外体验、互动乐享四大系列教育项目,分层分类深入开展党性教育,通过形成党性教育资源清单、开通网上党性教育平台、建立党性教育积分制度、选树党性教育优秀典型,打造新时代黄浦党性教育新品牌。

(2)红色场馆品牌

红色场馆品牌主要包括红色博物馆、红色纪念馆和红色陈列馆的品牌。由于大多数的红色场馆免费向公众开放,所以打造红色场馆品牌的内生动力可能存在不足。总体而言目前绝大部分红色场馆还没有进行品牌运营,在未来需要加大品牌运营和管理的力度。比如:中国国家博物馆是全国最大的红色博物馆,其品牌影响力在全国处于前列。

中国国家博物馆品牌标识来自国博建筑的西立面,它以简洁的线条勾勒出国博的入口及其柱廊,给观者以庄严、稳重的视觉体验。国家博物馆在藏品资源、布展能力、研究资源、研究能力等方面均处于全国红色场馆的领头雁的地位,诸多的"第一""唯一"或者"之最"支撑了中国国家博物馆在人民心目中的品牌形象。

图 4-1-1 中国国家博物院品牌标识

（3）红色文创产品品牌

红色文创产品品牌是基于红色场馆所独有的知识产权资源进行的相关产品开发。大部分的红色文创产品品牌就是红色场馆品牌在品类上的延伸,也有进行品牌联合开发的,还有独立的红色文创产品品牌。

（4）红色主题活动品牌

红色主题活动品牌就是把红色场馆、红色旅游景区的很多与红色文化相关的展示展览等主题活动系列化、特色化、持续化,从而品牌化。其实红色场馆最有条件打造红色主题品牌,使其成为红色场馆提供差异化、标志化服务的主要来源。

（5）红色旅游品牌

红色旅游品牌主要是指以中国共产党领导人民在革命战争时期建树丰功伟绩所形成的纪念地、标志物为载体,以其所承载的革命历史、革命事迹和革命精神为内涵,组织接待旅游者开展缅怀学习、参观游览的主题性旅游活动。红色旅游品牌的塑造就是把红色旅游经营者及其提供的服务或者产品得到消费者高度认可认同的过程。塑造红色旅游品牌对于进一步加强和改进新时期爱国主义教育,进一步促进革命历史文化遗产的保护和利用,进一步带动革命老区经济社会协调发展都有重要意义。

2. 根据品牌广度的大小进行划分

品牌广度就是品牌知名度的辐射范围，按照品牌广度的大小，可以将红色文化品牌划分为地区性品牌、国内品牌和国际品牌。除了上述两种主要的分类方法之外，借鉴企业品牌管理的相关分类方法，还可以按照红色文化品牌地位的不同，分为领导品牌、挑战品牌、跟随品牌和利基品牌；根据红色文化品牌强度的不同，可以分为顶级品牌、强势品牌、弱势品牌、核心品牌和延伸品牌等等。

（三）塑造红色文化品牌的四个基础条件

红色文化品牌的塑造有其自身特点，不能完全照搬已有的品牌管理理论。与普通的产品品牌或者企业品牌不同，塑造红色文化品牌要坚持社会效益优先的原则，在此基础上实现社会效益与经济效益的统一。一般而言，塑造红色文化品牌需要该主体具备理念基础、产品（服务）基础、管理基础和必要的经济基础。

1. 理念基础

即一个组织的主要管理者和核心管理人员应该认同品牌化发展方向，具备品牌发展理念和良好的品牌意识。理念基础还关系到品牌战略制定和品牌相关制度的执行是否到位，并引导着这个组织实体全员的品牌意识的塑造，这对整个组织实体的行为起着关键的作用。只有将品牌思想深入贯彻到整个组织实体的主要负责人、核心人员和关键岗位人员，才能从根本上带动该组织实体向品牌化发展。

2. 产品（服务）基础

对于红色文化的相关组织实体而言，对红色资源及其后续多层次的开发、转化，可使红色资源变成目标群体不仅可以参观、学习，而且可以深度体验、参与的对象，最终获得认可、认同，从而让目标群体与红色文化达到心理上的共振。对于红色文化相关组织实体而言，这些多层次的开发和转化的形式载体就是产品（服务）。

3. 管理基础

有效的管理是优秀品牌得以建立的保证。要对红色文化相关组织实体的品牌战略进行良好的规划，并且在内部的职能管理中强化品牌管理的重要性，在品牌管理的制度执行上提供一种流程和规范，使这些组织实体的品牌工作有部门负责，有专人管理，使品牌策略能够准确执行，从而保证品牌价值的实现。

4. 经济基础

从投入产出的角度看，品牌相关工作和成效往往意味着"先投入后产出""短期投入长期产出"等特点。一般而言，与品牌工作相关的专题调研、品牌战略制定、品牌战略执行、品牌工作效果跟踪等工作都需要付出成本和精力；与品牌工作相关的内部制度建设、品牌相关职能强化、品牌相关培训等工作也都需要付出成本和人力。这些往往都构成了一个组织实体进行品牌建设的前期必要投入，而后续的人财物等投入也是必不可少的。

（四）塑造红色文化品牌的三种基础模式

要了解一个组织实体能否进行品牌化运营，往往需要更细致地考量上述四个条件的具备程度。根据基础条件的具备程度和执行程度，红色文化相关组织实体塑造红色文化品牌可以总结为三种模式，分别是品牌概念模式、品牌职能模式和品牌战略模式。需要特别强调的是，品牌发展模式并无优劣之分，都是基于现有客观内外部条件的正确选择。

1. 品牌概念模式

在品牌概念模式下，红色文化实体的主要管理者对品牌的理解可能是"品牌就是高质量的产品（服务）、组织实体（博物馆、纪念馆、红色景区）的高知名度"。这个时候更关注如何在信息时代、自媒体时代更好地做好宣传工作，也就是如何范围更广、更有效地进行品牌传播。品牌管理的主要措施就是强调自身红色资源的独特性和差异性，进行必要的宣传投入，这对于原有组织架构和部门职能几乎没有影响。品牌建设工作的目标在于建立地区性红色文化品牌，品牌地位客观上处于跟随品牌，就目标群体所认为的品质与该品牌的联系程度，也即对品牌强度的衡量而言，该品牌属于弱势品牌。

2. 品牌职能模式

在品牌职能模式下，红色文化实体的主要管理者对品牌的理解能更进一步，确认品牌是对组织实体有重要价值的无形资产，需要专门职能部门进行管理。这个时候品牌的管理者会认识到品牌传播不仅意味着知名度的打造，更意味着对目标群体的承诺，这个时候需要内外部协调一致地建立品牌传播机制。在管理上，应设立负责跨职能部门沟通的品牌运营总监（或者其他名称），来协调组织其他与品牌相关的各部门的职能发挥。品牌建设工作的目标在于建立全国性的红色文化品牌，品牌地位客观上处于挑战品牌，就目标群体所认为的品质与该品牌的联系程度，即对品牌强度的衡量而言，该品牌属于强势品牌。

3. 品牌战略模式

在品牌战略模式下，红色文化实体的主要管理者对品牌的理解就更到位了，会认为品牌是基于目标群体高度认同的一种无形资产，品牌是所有实体差异化发展的一种组织战略。同时品牌战略模式也意味着品牌相关工作更复杂更难，对现有资源要求更高，对现有格局的改变更大。这个时候品牌的管理者更关注目标群体需求的变化，侧重加强在提供差异化产品（服务）方面的管理能力。主要负责人会深度参与品牌工作，甚至将相关职能部门进行重组、优化。品牌建设工作的目标在于建立国际性的红色文化顶级品牌。需要强调的是，本节所讲的三种模式只是一种理论指导下的经验性总结，供红色文化相关实体机构在品牌建设时参考。但实际上，由于每一个实体机构所处的内外部环境不同、拥有的红色资源不同、对人财物资源的控制力不同、未来品牌工作目标不同等，每一个实体机构塑造红色文化品牌的路径都不一样。这也是塑造红色文化品牌最大的难点所在。

（五）塑造红色文化品牌的整体性架构

以红色文化品牌的品牌战略模式为例，给出一个整体性架构，塑造红色文化品牌的前提是红色资源价值的多次转化。在这个过程中，需要对红色资源进行抢救性保护，很多与红色相关的革命文献、革命遗迹、革命故事等原始资源都散落在四处，尤其是很多当事人年纪都比较大，所涉及的这些原始性红色资源需要每个红色文化实体机构进行收集、归类和整理，这个过程一定要客观，尊重史实。在这个基础上，可以进行一次转化，开发多种载体形式的红色"作品"。红色资源和红色"作品"还可以继续进行多次转化。

塑造红色文化品牌的起点就是在对目标群体进行分析的基础上，首先凝练品牌理念，构建品牌识别系统，这个过程也是品牌战略目标和方向逐步清晰的过程。其次对外建立多层次的品牌传播体系，对内进行品牌的组织内化和员工内化。品牌形象的差异化要靠内部品牌行为的一致化来保证。最后建立健全品牌的管理体系，科学设定品牌管理目标，对品牌相关知识产权进行系统管理，并建立品牌危机管理制度，其中可能涉及多个品牌组合管理。

红色资源价值的多次转化。红色资源中的物质载体（革命历史遗址遗迹、博物馆、纪念馆展览馆、革命故事遗存物品、文献等）和精神载体（延安精神、井冈山精神、西柏坡精神、沂蒙精神长征精神等）转化为红色"作品"，如：红色电影、电视剧、纪录片，红色歌曲、歌剧、舞剧、话剧、绘本、连环画、革命人物传记展示展览等。然后再协同区域其他旅游服务、关联产品（服务）

品牌、文创产品品牌，将红色旅游品牌转化为红色城市品牌，再转化为国家品牌形象。红色文化品牌战略，红色"作品"品牌化，形成核心品牌资产、策略性品牌资产、识别性品牌资产和品牌个性等价值体系。

第二节　红色旅游品牌和城市品牌建设

我国红色旅游事业不断发展壮大，加强红色旅游景区的品牌建设成为未来主要发展趋势之一。

一、红色旅游品牌定位

品牌的本质是一种重要的无形资产，能够产生经济利益（价值），能够区分产品、服务和（或）实体，能够在利益相关方意识中形成独特印象和联想。品牌对于企业的重要性不言而喻，实际上品牌的相关理论对于所有组织或者个人也都非常重要。除了产品品牌、服务品牌、企业品牌，品牌管理的视角还可以延伸到城市品牌、产业品牌、国家品牌，甚至是个人品牌。

（一）品牌内涵的历史演变

对于品牌的内涵学术上有不同的定义，可以从品牌的构成要素和基本功能、品牌的象征意义、品牌所包含的各种关系、品牌所创造的价值、品牌的体验营销、品牌信息论和品牌战略等角度进行界定。从实务的角度来说，由于工作职责和所处的范围不一样，大家对品牌也都有自己的理解。有人从质量的角度理解品牌，认为品牌就意味着高品质；有人从传播的角度理解品牌，认为高知名度就代表品牌；有人从商标的角度理解品牌，知名品牌一定要依靠驰名商标的支持；有人从技术的角度来理解，认为技术等知识产权的获得才能保证产品和品牌的差异性等，不一而论。

从世界范围内品牌的演变历史来看，一般认为品牌内涵的变化经历了五个阶段，分别为：①标识阶段；②标识、传播和象征阶段；③品牌资产阶段；④品牌体验阶段；⑤品牌战略阶段。最初或原始意义上的品牌是指一种标记或符号，用来表示产品的来源和物主的身份，这也是品牌的英文词 Brand 的本义。在标识阶段，品牌没有过多的含义，不代表质量的不同，没有涉及与消费者的关系。第一次工业革命以后，机器大工业生产的产品销往世界各地。这个时候的企业，为了让消费者对产品质量产生信赖感，品牌不仅具有标识的作用，还具有了传播价值，品牌开始具备象征意义和情感价值。人们开始意识到品牌不仅属于它的供给者（企业），还属于注重品牌的消费者。原始意义上的品牌是指产品的一种标记或者符号，Brand（品牌）本义就是烙印。

大约从20世纪50年代开始，品牌经理制开始成为西方发达国家比较盛行的一种品牌管理组织。20世纪80年代中期以来，随着品牌地位的进一步提高和品牌作用的进一步增强，人们越来越认识到品牌是一种重要的无形资产。还有专门机构从目标群体角度、财务角度和市场角度等不同视角出发，对品牌资产进行定量计算，对不同品牌的资产价值进行计算和排行开始出现。20世纪90年代以来，随着服务经济占比越来越高，市场竞争不断加剧和品牌意识不断提高，品牌体验的思想开始盛行。

越来越多的企业意识到，为了满足消费者个性化和多样化的需求，品牌要为目标群体提供差异化的个性体验。进入21世纪，尤其是近几年来，世界的经济格局发生了重大的变化，特别是随着第四次科技与产业革命的到来，科技因素对品牌建设的影响日益突出。比如，平台经济已成为促进产业结构升级和变革的重要推手，同时越来越多的品牌创新转型都是基于移动互联网和平台模式来实现；5G技术将给全世界带来一场从消费互联网到产业互联网的革命，等等。在如此变幻莫测的环境下，企业（包括其他类型的实体组织）发展战略不能再是单一的竞争导向、单一的目标群体导向或者自我优势资源导向，而应该是紧盯竞争者、目标群体需求和自我优势资源三者兼顾的立体化的导向，这种发展战略就是品牌战略。另外，红色旅游产品具有以下特点。

（1）红色旅游产品的整体不可转移性

红色旅游产品的表现形式主要是让游客通过体验活动参观旅游目的地，通过红色旅游产品的信息传递和购买者的流动来实现产品的流通。只有吸引游客到红色旅游目的地，才能实现旅游产品的价值。因此，与实物产品相比，旅游产品的推广是产品销售环节中不可或缺的重要环节。

（2）红色旅游产品的购买弹性心理

红色旅游产品并非生活必需品，因此在人们的日常生活中，红色旅游产品具有较大的消费弹性。人只有满足了生理需要和安全需要，才会进行高层次的消费，才要求更高层次的精神需要，而且这种需要数量没有限制，自由选择的余地很大。

（3）红色旅游教育功能的实现

红色旅游的教育功能必须通过营造浓厚的舆论氛围和外部环境，吸引和引导群众积极参与红色旅游活动，才能实现其思想教育功能。

（4）红色旅游产品的公益性

红色旅游产品具有公益性，特别是免费开放的红色旅游景区和场馆，必须依靠有计划、有针对性的整体、系列宣传推广来吸引游客，实现红色旅游社会效益。

（二）品牌战略与品牌定位

1. 红色文化品牌的定位

红色文化品牌也同其他品牌一样，会考虑品牌定位问题。准确的品牌定位是制定和实施品牌战略的前提和保证，同时品牌定位也是制定品牌战略的第一步。品牌定位必须将目标群体导向、竞争导向和自主导向三个主要方向相结合。

（1）目标群体导向

以目标群体为导向的品牌定位，就是多角度详细分析目标群体的特征，确定目标群体的具体需求，包括教育培训需求、服务体验需求、参观游览需求，等等。红色文化相关实体机构要以满足目标群体需求、提升目标群体价值获得感为工作出发点。尤其是市场化更为明显的红色景区，在运营过程中，更要围绕目标群体的消费能力、消费偏好以及消费行为展开调查分析，重视新产品开发和营销手段的创新，动态地适应目标群体需求。目标群体导向的品牌定位强调要避免脱离目标消费群体实际需求的产品生产或对市场的主观臆断。

（2）竞争导向

红色文化品牌也存在竞争。竞争导向的品牌定位是通过对竞争者品牌的分析（包括主要竞争品牌、在竞争中的地位、竞争品牌的产品特征、竞争品牌的品牌定位与品牌形象、竞争品牌的传播策略等），根据竞争者的品牌定位及企业经营行为来采取与之对应的行动策略。这种导向下的品牌定位，企业通过追踪竞争者的行动，试图找出竞争环境下的差异化发展方向，它强调的是要重视竞争对手的存在。

（3）自主导向

自主导向的品牌定位主要强调红色实体机构所拥有的内部资源和能力要与竞争战略进行匹配。要进行资源分析，包括原始性红色资源、人力资源、技术资源、文化资源等有形资源和无形资源，包括创新精神、资源整合能力等高级资源管理能力。

2. 品牌定位的评估和优化

判断品牌定位是否准确、到位，还可以从目标群体、竞争、自身三个维度进行评估；如果品牌定位需要改进，也是从这三个方面着手进行优化。

一个好的品牌定位一定是与目标群体需求紧密相关、与竞争对手高度差异化，并且自身资源可支撑的。针对目标群体需求，可以从该需求规模程度（重要性）、满足程度（未满足性）、未来延续发展程度（增长性）等方面进行评估和优化。针对竞争标杆企业，可以从产品（服务）的利益点（功能性利益、情感性利益或自我表现性）和支撑点等进行评估和优化，做到人无我有、人有我优、人优我值。针对品牌自身而言，拥有的经营资源要契合实体机构的发展需求。

在差异化竞争思想的指导下，品牌定位的外化形式就是以目标消费人群为核心，确立一系列与品牌资产有关的各种品牌元素。根据各品牌元素的作用和类别不同，可以分为核心品牌资产、品牌个性、策略性品牌资产和执行性品牌资产。其中核心品牌资产处于统领的地位，策略性和识别性品牌资产是支柱，品牌个性是基础。核心品牌资产就是从价值观、服务体验的角度出发，强调品牌能够给目标群体带来的核心利益（高于产品的功能性利益）是什么，这是品牌的灵魂，也就是品牌的精髓。确定每一个红色实体机构的红色文化资源在中国革命和建设中的具体历史地位是确定红色文化品牌的精髓的基础。比如革命圣地西柏坡与其他革命圣地最大的区别点，就是"新中国从这里走来"。建立核心品牌资产，加之拥有核心资源和能力，那么红色文化品牌的影响力和感召力的范围就会大大增强。品牌个性就是红色文化品牌所表现出来的独特特点，包括性格、风格等。有个性的品牌更容易被目标群体接受，当然这要以一致性的品牌传播为前置条件。策略性品牌资产强调在品牌运营中把产品（服务）的功能价值和情感价值传递给目标群体，并在传递过程中保证它们是可信的，即明确 RTB(Reason To Believe)点。执行性品牌资产强调建立视觉识别、听觉识别、形象识别等识别系统，并在品牌传播中运用好这些元素。红色文化实体机构建立了品牌资产屋，也就意味着有了品牌的基因，有了完整的品牌形象，有了比较齐全的品牌元素，也有了品牌运营的指导方向。接下来就是品牌战略的执行工作，有战略无执行一切等于零，品牌战略的执行工作非常重要。品牌战略企业通行的执行策略就是：制定品牌目标——规划品牌策略——明确衡量指标。在品牌目标阶段，制定与品牌发展相关的参观人数、满意度、多次参观率、文创产品购买率等目标，还可以按照产品、市场、时间等维度对品牌目标进行分解。在规划品牌策略阶段，要对品牌传播策略和保障策略进行明确。在衡量评估阶段，可以从品牌目标的实现、品牌传播效果的提升、市场建设的成效等多个角度进行衡量。在品牌战略执行阶段，强调所有执行措施目标指向围绕品牌定位的趋同性和一致性。

二、红色博物馆品牌建设

（一）文旅融合背景下红色博物馆的发展定位

第一，红色博物馆作为红色旅游的重要组成部分，主要以收藏和展示革命历史文物为主。在文旅融合背景下，红色博物馆也迎来了机遇与挑战并存的发展局面，不仅需要充分发挥弘扬历史文化和民族精神的功能，还要进一步挖掘和开拓自身在红色旅游市场的发展潜力。为了满足这一目标，红色博物馆需要明确自身在文旅融合发展中的地位，积极探索与旅游深度全面融合，寻求融合创新发展路径，让革命文物传达新理念，给人新体验，实现新价值，为促进文化创新传承、推进旅游产业升级奠定基础，红色博物馆要突出以下五个方面，定位自身的发展。

第二，红色博物馆要定位为红色文物的收藏地。丰富的馆藏是博物馆的重要基础，红色博物馆作为红色文物的收藏地，要始终把红色文物作为立馆之本，在注重红色文物收藏数量、规模的同时，突出红色文物的特点，全面提升藏品质量，系统做好红色文物的征集收藏工作，充分发挥红色博物馆的收藏职能。

第三，红色博物馆要定位为红色文化的研究地。高水平的研究是博物馆的重要工作内容。红色博物馆作为红色文化的研究地，不能让革命文物在库房"睡觉"，在展柜中"堆积"，要通过对革命文物的特色研究，挖掘红色文化丰富内涵，为陈列展览提供素材，为讲好红色故事提供支撑，让文物"活"起来，彰显自身特色，使红色博物馆保持持续发展的原动力。

第三，红色博物馆要定位为红色教育的主阵地。大众化的教育是博物馆的重要目的。红色博物馆作为红色教育的主阵地，要发挥教育职能优势，为社会服务，为大众服务。特别是要通过建立红色教育基地，进行中国共产党党史党性教育、党风廉政教育、爱国主义教育、革命传统教育等展览，加强对未成年人的红色教育，使红色博物馆成为学生接受教育的第二课堂。

第四，红色博物馆要定位为红色旅游的目的地。与旅游的融合是博物馆发展的重要途径。红色博物馆作为红色旅游的目的地，是革命传统教育与旅游产业特点的结合。红色旅游是一种新型的主题旅游形式，这种形式寓教于游，生动形象，既能打造中国特色旅游品牌、繁荣旅游经济，又能增强革命传统教育的感染力，是红色博物馆职能的拓展创新。

第五，红色博物馆要定位为红色文创的研发地。文创研发是博物馆创收的重要方式。红色博物馆作为红色文创的研发地，要将红色文创产品的研发视为红色博物馆职能的拓展和延伸。结合红色博物馆藏品的特色、地方的特色、人文的特色，将红色文化元素融入文创研发当中，体现红色文化特色优势，打造文创产品品牌，提升红色博物馆的经济效益。

（二）构建多重互动体系，提升体验效果

1. 善用情境，激发热情

"认识，只有在行为能给人带来正义感，能使他激动，能使他心灵上产生欢乐感和兴奋感，并能在振作精神的情况下，才能转化为信念。""情感如同肥沃的土壤，知识的种子就播在土壤里，种子会萌发出幼芽来。"创设情境，可以以情感人，优化人的认知水平、智力状况和情感态度。红色博物馆项目不仅善于利用展览创造形象生动的大情境，让人可以身临其境，体会战火纷飞的场景，有效激发游客爱国情感的产生，还可以营造视、听、学相结合的氛围，通过朗读、表演和游戏等互动形式，让人感受历史人物当时的处境，用心感知红色诗文蕴含的细腻情感，从而产生强烈的共鸣。

2. 角色扮演，重塑自我

角色扮演是一种颇具生动性和创造性的教学方法，"采用角色扮演方法，就是让受影响者在一种特定的或创设的情境中扮演某一角色，使其认清角色的理想模型，了解社会对角色的期望和自己应尽的角色义务"。

例如，儿童在角色扮演的体验中，融合认知、技能和情感发展，通过对人物角色的分析和表现，体会角色的情感、动机和行为模式。这对培养儿童认知自我、认知他人的情绪智力非常有利。项目设计儿童扮演朗读诗文中的英雄角色，如马本斋、狼牙山五壮士、小英雄王二小等，这样不仅会使儿童产生自我认同感，有效重塑自我，也可以使他们以更加积极的眼光和正确的姿态去接纳诗文中的英雄人物和故事。

（三）将红色文化教育融入博物馆文物展览之中

1. 融入红色文化教育的意义

（1）丰富文物展览内涵

文物作为历史的载体和见证，蕴藏着深厚的教育价值，而文物展览则是实现文物价值的主要手段。传统的文物展览多注重文物的艺术价值、历史价值、文化价值。事实上，对红色博物馆而言，文物更有红色文化教育价值，是开展红色文化教育的重要资源。随着博物馆事业的不断发展，越来越多的博物馆认

识到了革命文物的红色文化教育价值，并在文物展陈、背景介绍、文物讲解中融入了红色文化教育的内容。红色文化教育的融入使文物展览的内涵得到了极大的丰富，凸显了文物的德育功能，在塑造社会风气、引导正确价值观中发挥着非常重要的作用。

（2）满足精神文化需求

党的十九大报告指出，当前我国社会的主要矛盾已经转化为人民日益增长的美好生活需要和不平衡不充分的发展之间的矛盾，其中精神文化需求层面的矛盾更为显著。

党的十八大提出了"五位一体"的总体布局，文化建设在其中占据着重要的地位。博物馆作为公共文化机构，本身就肩负着满足人民群众精神文化需求的重要使命。在博物馆文物展览中融入红色文化教育，进一步凸显了博物馆在公共文化事业发展中的作用，深化了博物馆的精神文化功能，不仅有助于确定博物馆的发展方向，对博物馆更好地履行自身的职能也有着非常积极的意义。

（3）传承红色文化精神

红色文化是中国共产党在革命战争时期形成的文化，贯穿于中国革命的各个阶段，已经深深地熔铸到中华文化之中，成为中华儿女的精神财富，感染着一代又一代的中国人。改革开放以来，红色文化的影响力有所下降，特别是在青少年群体中，对红色文化感兴趣、熟悉红色文化的人数有所减少，红色文化出现了传承危机。对此，博物馆文物展览中融入红色文化教育具有重要的价值，能够创新红色文化的传承方式，通过让文物"说话"的方式，扩大红色文化的影响，强化红色文化的传承效果。

2. 融入红色文化教育的措施

（1）开展红色活动

随着博物馆事业的不断发展，博物馆的功能日益多元化，以文物展览为基础开展社会活动成为博物馆实施社会教育的重要手段。对红色博物馆而言，红色文化教育是博物馆社会教育的重点，因此社会活动应以红色活动为主，借助多元化的红色活动来保障红色文化教育的开展与实施。以中央苏区（闽西）历史博物馆为例，作为全面反映中央苏区（闽西）历史和闽西革命史的综合性革命博物馆，中央苏区（闽西）历史博物馆文物资源丰富，设有四个主题陈列和五个人物纪念馆，这为红色活动的开展提供了坚实的物质基础。中央苏区（闽西）历史博物馆先后入选全国青少年爱国主义教育基地、福建省爱国主义教育基地，这也赋予了中央苏区（闽西）历史博物馆开展爱国主义教育的使命。比如接待青少年学生，向他们讲解红色革命历史，依托博物馆的馆藏资源，如刘亚楼将军的上将服、杨成武将军的望远镜、韩伟将军的绑腿等，以深入浅出的方式进行宣传教育，让青少年学生对红色革命的历史、文化有基本的了解。红色活动的开展能够最大限度地提高博物馆文物资源的社会宣教价值，在构建社会思政体系、引导社会风尚中也发挥着重要的作用，同时也能够在无形中提升自身品牌价值和影响力。

（2）创新展览方式

传统的文物展览以线下展览为主，受到时间、空间的双重制约，无法全面凸显博物馆的社会教育价值。信息技术的不断发展为博物馆创新文物展览方式提供了巨大的便利，也为博物馆在文物展览中融入红色文化教育提供了新的思路。对此，博物馆要从信息时代的背景出发，创新展览方式，推动红色文化教育从线下融入向线上线下混合式融入转变。

首先，利用信息技术优化线下布展。博物馆在文物布展，特别是文物介绍中，要利用好信息技术的辅助作用，比如借助多媒体技术来展现文物的时代环境，又如利用三维虚拟技术来全景式展现文物，加深参观者的体验。其次，利用信息技术开展线上展览。数字博物馆是当前博物馆发展的主要趋势，并且得益于移动网络和智能终端的普及，数字博物馆也从传统的网页版向手机 App 版转变。博物馆可以开发掌上博物馆 App，充分整合线下文物资源，以图片、视频的形式上传到数字博物馆中，借助图文并茂的解说词以及关联链接，融入红色文化教育。展览方式的创新不仅可以强化文物展览中红色文化教育融入的效果，也极大地增加了红色文化教育的对象。

（四）打造红色经典博物馆

1.红色经典博物馆的存在意义

红色经典博物馆本身具有多种职能，首先就是保存与纪念职能，对一些具有价值的实物图片进行保存，让人们通过它们去了解历史，感受其内涵所在，而这些物品能够还原历史，让人们从中获得不同的感受。

（1）真实体现历史

作为红色经典博物馆，本身具备博物馆的所有功能，其中陈列的一些历史物品，包含着重要的纪念意义，人们通过观赏这些物品，可以对革命建设有更深入的了解。

博物馆要从多角度去分析革命建设，真实地反映实际的状况。因此要参阅历史资料，以此为基础精心排列，有效分类，使历史物品能够还原历史，同时又能够体现出创造性和艺术性。人们可以在观看历史物品时产生共鸣，认识到革命先驱的伟大。他们可以以此了解历史。

（2）红色经典博物馆有永恒的纪念意义

红色经典博物馆展示的物品要能够全面地反映历史进程，体现出革命时代的特征，因此必须从多角度出发，扩大覆盖面。红色经典博物馆中有许多历史物品，它们聚集在这里，被收藏与保存。这些实物展现了某一时期的状况，有入党誓词也有家书，这些都是红色革命的见证，是历史进程的重要组成部分。在观看这些物品的过程中与历史进行对话，促使观众能够更加深入地理解当时的境况，其纪念作用是永恒的。

（3）红色经典博物馆有无限的艺术魅力

博物馆中的物品具有艺术魅力，而不是，仅仅以证据的形式存在。历史本身就是一种艺术，具有重大的意义。当人们去看这些陈列品时，欣赏的不仅仅是物品本身，更是其所代表的历史，通过这些物品去感受发展的进程。当人们望向一个纪念品时，就开始了对它的探索，也是对历史的探索。博物馆本身也是一个艺术品，自然也具有艺术特色，对于革命博物馆而言同样如此，其艺术魅力不容忽视。在设计建设革命博物馆过程中，要从多个角度去展现历史，给参观者以身临其境之感，从而更好地帮助参观者去理解和认知历史，产生共鸣，主动去探求历史过程。所有的纪念品都配有设计说明，通过这种方式让人们能够更深入地去了解这些纪念品展现的艺术创作的魅力。红色经典博物馆设计中要注重视觉感受，将现代艺术设计融入其中，将场馆中隐含的意义展现出来，让人们主动去探寻历史，并将历史牢牢记在心中。

2. 红色经典博物馆的社会作用

红色经典博物馆是红色旅游的基础所在，是发展红色旅游文化的根本，由于其具有教育意义，能展现出民族情怀，因此，其社会价值不容忽视。

（1）促进和谐社会文化目标的建设

改革开放带给我们国家的是巨大的变革。首先是我国的传统文化得到了全面发展，呈现出新的特征；其次是许多外来文化，纷纷涌入进来，产生不同程度的影响，各种文化相互交织，不断冲击。在新的时期如何去构建社会文化，使其符合新时代的特征，这是一个值得思考的问题。当今的社会发生着变化，社会主义的构建发展有了更深的要求。物质事物的反馈是一种重要方式，而红色经典博物馆则会发挥更重要的作用。红色经典博物馆中展出的抗战时期的物品，它们反映着当时的历史，渗透着爱国情怀，包含着文化信息，因而可以发挥价值引导作用，使参观者能够感受历史气息，形成更深刻的感受，为社会建设出谋划策。

（2）将教育与休闲合并运作

通过将教育与休闲合并运作的方式进行文化建设，才能发挥红色文化潜移默化的作用，促进社会发展。对于红色经典博物馆来说同样如此，必须提高其服务水平，从小处入手，重视细节，体现出自身的独特性。如游客休息区的设立，就是一个例证。在博物馆的参观中，感到疲惫是正常的现象，如果这时候没有一个合适的休息之处，必然会让人产生烦躁情绪，心理感受下降，影响展览效果。

3.红色经典博物馆品牌提升途径

（1）理念创新

红色经典博物馆的创新要打破固有的思想形式，以新的视角来看待问题，是对旧事物的改革创新与提升改造。对博物馆而言，唯有实现理念创新，方可有效实施展陈艺术层面的创新，方可展现出更大的价值，实现可持续发展。

博物馆得以始终保持自身吸引力的关键在于不断创新，唯有不断创新，方可长期健康发展。推动社会主义文化建设，建设真正的文化强国，重要在于强化民众的文化创造力。唯有不断创新，方可促使国家不断进步，方可有效确保民族文化的繁荣发展。博物馆唯有不断提升自身的创新水平，方可获得发展的动力源泉，方可在如今文化竞争日益激烈的环境中具有更大的优势。怎样在新的环境中，充分发挥创新的能力，这是现阶段博物馆工作面临的主要问题。

博物馆是建设文化强国的主要力量，应努力践行创新等科学的理念，提高文化的生命力，满足公众的精神需要，为提高国民整体素质、树立良好的国家形象、为我国经济的不断进步贡献出一份力量，同时也推动红色经典博物馆品牌形象的建设。

（2）技术创新

采用具有创新性的展陈方式，可以让展陈活动在展品文物不变的情况下，更好地表达展示陈列的中心内容与主体思想。新的展览方式和手段也是红色经典博物馆可持续发展的重要手段。新的展陈方法和手段能够不断吸引参观群众，让参观群众不断有新的感受，充分发挥其教育的作用。从简单的文物和标本陈列，到简单而无聊的文字解释，再到高水平的场景复原，在先进技术普及应用前，展陈主要运用如上三类方法。目前，越来越多的先进技术与设备被广泛地应用到了展陈设计中。各种声光电视频技术，电脑与互联网以及人工智能技术尤为突出，并取得了良好的展陈效果。展陈效果提高可以充分调动观众的积极性，促使其主动参加到展览中，对参观过程中的展示陈列主动进行思考与探索，在思考与探索的过程中不断地反馈问题，进而能接收与理解更多的展陈信息，增强参观效果。

三、新媒体视域下红色旅游品牌构建策略

21世纪以来，随着经济全球化的不断发展和改革开放的日益深化，文化建设越来越被国家重视，文化软实力渐渐成为增强综合国力非常重要的因素之一，文化培养在社会发展中占有越来越重要的地位。随着网络技术的发展，中国旅游新媒体营销大会早就对促进全国旅游地区间的"新媒体、新营销、新旅游"提出了新的要求，即打造旅游信息化发展、推动旅游品牌提升的新格局。接下来以革命圣地江西为例，全面论述新媒体视域下红色旅游品牌的构建策略。

（一）打造红色旅游文化品牌，加大技术运用

打造红色旅游文化品牌，可以从以下三方面进行，第一，构建红色旅游网站，将江西省红色旅游景区、产业进行统一规划，结合当地的历史文化资源，如井冈山革命根据地，利用井冈山会师、"星星之火可以燎原"等经典故事为品牌发展讲述核心故事，打造独有的红色品牌文化，找准消费者的兴趣点。第二，打造江西省特色化旅游网络栏目，围绕江西省红色经典、英雄人物事迹等开展网上论坛，提高消费者的参与度，使更多消费者能够围绕红色经典、革命事迹等进行历史回顾，采取拍摄短视频和对革命老军专访的形式提高人们对革命历史的熟悉程度，加深公众对江西红色文化的了解。第三，利用新媒体，加大网络传播平台构建力度，利用各大直播平台对红色旅游景区进行在线宣传、直播，组织网上读红色经典、唱红色主题歌曲的活动，并利用5G技术和成像技术，将各红色历史事件进行成像传播，使消费者通过5G技术产生身临其境的感觉，提高消费者的体验度，促进江西红色旅游文化品牌的形成。

（二）加大红色旅游文化的挖掘与开发

利用新媒体技术的互动性、高效性以及传播速度快的特点，深度挖掘江西红色文化资源，打造具有江西特色的红色文化旅游品牌，为江西红色旅游品牌提供高效传播平台。对江西革命先烈、领袖故居进行深度开发，在最大化保留红色旅游地原生态基础上，运用新媒体技术，将江西红色旅游产业文化推广、壮大。同时加大将红色文化经典植入学生课本的力度，开展网络第二课堂，江西各级学校利用网络形式，使学生利用零散时间加深对红色文化的了解，将红色文化与思政教育融合，通过网络形成互动、开放、便捷的传播体系，加深学

生对革命事迹的了解,增强其政治觉悟。利用网络技术、5G 技术等新技术研发新项目,传播革命精神、红色文化,提高消费者的兴趣,形成良好的红色文化氛围。

(三)加大产业融合,实现"红色旅游+"融合式发展模式

加大江西红色旅游产业融合的力度,首先可以加大对电商运营平台的运用,通过电商运营平台助力宣传旅游产业文化、推广江西红色旅游品牌形象,实现更好地吸引游客消费的效果。同时通过电商形式的宣传,还可以极大地带动旅游地周边产业发展,实现农业结构的转型升级。同时也要大力打造红色旅游品牌,完善配套设施,提高游客的体验度,为游客带来便利,以便促进江西红色旅游产业与当地经济的协调发展。形成红色旅游品牌产业链和附加值产品开发链,通过电商平台的直播效应,使消费者在家就能够体验江西特有的民风民俗活动。树立共建共存的发展理念,大力开发智慧旅游、大数据,夯实江西红色旅游产业建设基础,打造"红色旅游+"产业品牌,促进江西红色旅游产业的持续发展。

四、通过红色文化提升城市品牌的认知度

品牌认知度是品牌资产的重要组成部分,它是衡量消费者对品牌内涵及价值的认识和理解程度的标准。品牌认知是公司竞争力的一种体现,有时会成为一种核心竞争力,特别是在大众消费品市场,各家竞争对手提供的产品和服务的品质差别不大,这时消费者会倾向于根据品牌的熟悉程度来决定购买行为。所以城市品牌认知度,也可以认为是城市核心竞争力的体现。

(一)提升城市品牌的感性认知

以往的红色文化宣传模式往往形式老旧,以电视节目、报刊文章、广播电台为主,年龄受众单一,传播速度也较慢。通过利用新兴文化载体,打造微平台等方式,进一步扩展红色文化的宣传渠道,让红色文化能够以一种更新的姿态、更易传播的方式走进更宽泛的年龄受众群体中。也可以通过建立红色文化互联网门户,让居民群众能够随时随地了解红色文化的起源和发展,也可以通过让市民给红色文化发展提出意见和建议的方式参与到红色文化的发展建设中来,加强红色文化的宣传力度,增强城市认知度。

(二)提升城市品牌的核心认知

"红色文化"是中华民族的优秀文化,也是当代社会主义先进文化的重要

组成部分。消费者是品牌认知的核心，培养消费者的"红色文化"认知，也有助于提升对城市品牌的认知。具体策略如下：一是通过"红色文化"进校园，推动高校马克思主义学院开设中国共产党创建史和建党精神必修课，在相关学科课程中增加党的创建史和革命传统文化教育内容；以学前、小学、中学教材为重点，构建红色文化和革命传统教育课程和教材体系；编写红色文化幼儿绘本，开展"少年传承红色文化"系列教育活动，增强青少年传承红色文化的延续性。二是通过"红色文化"进企业，打造新型企业文化，增强企业职工的创业热情。三是通过"红色文化"进机关，增强党员干部开拓红色事业的责任感与使命感。四是通过"红色文化"进军营，增强官兵爱国奉献的精神。五是通过"红色文化"进农村、进广场，提高群众的精神文化修养。通过对以上群体针对性的"红色文化"认知的培育，提升消费者对"红色文化"的重视、尊重和维护，从而提升城市品牌的核心认知。

（三）提升城市品牌的延伸认知

针对消费者多样化、个性化和细分化的消费需求，借力"红色文化"，促进"红色文化+"融合发展，形成以红色为主导的多彩旅游产品，大力发展"红色文化+体育健身""红色文化+户外拓展""红色文化+文化教育""红色文化+虚拟旅游"等新型旅游业态。比如，将青年消费者比较热衷的VR、AR等技术用于景区景点的直接宣传展示，旅游景区门户网站、旅游网站的嵌入链接等，或者制成电子旅游纪念品等，满足游客的多元需求，延伸消费者对城市品牌的认知。

另外，借力"红色文化"，打造沉浸式红色深度游。比如，上海将红色文化资源整合，打造中共一大会址红色一公里、四大会址红色三公里深度游，龙华纪念馆英雄调查局深度游等产品。通过情景设计、剧本编排、场景设置、角色扮演，以"闯关"形式激发体验者的参与热情，可大大提升文化代入感和体验性，提升消费者对城市品牌的认知。

（四）提升城市软实力

凡是有群体性的人类共同体存在的地方，都离不开人们对群体利益认知的认可、认同和接受、服从，从而形成了相应的政治和文化。政治，以外在的强制力为基本特征；文化，以内生的自觉自愿为基本特征。城市是人类生产、生活共同体的典型形态，因此城市的治理离不开政治力和文化力。红色文化就是一种文化力，城市治理离不开这种文化力。

在城市治理过程中，要加强培育城市文化的自觉性。城市文化，是全社会对城市功能定位、城市本质特色、城市目标愿景以及城市精神认知的认同。城市文化具有鲜明的时代性，既有传承，也有创新。

城市治理过程是精细化管理过程，城市文化是管理出来的，城市管理的精细化程度浸染着市民文明的高度。一座城市表面展现出的是市民的文明素质；其背后是严格管理的支撑，看不到的是精细化管理的长期熏陶。管理不严、不精细，市民的文明素质必然不会高，甚至带坏高素质的外来者；高度文明的城市则会对不文明行为给予无形的震慑和无声的约束。精细化的城市管理，其过程同时也是城市文化的培育过程，以及市民文明素质的提高过程。

五、通过红色艺术传播提升城市文化形象

（一）丰富革命老区城市文化信息

随着数字、网络技术的飞速进步，全媒体时代的艺术传播形态产生了重大变革，信息传播内容的生产和分发均已不再有清晰的主权范围界定，而体现为初创者、管理者、经营者与用户的模糊化。这种突破中心与统一的非层级化的传播，促使艺术常态化，达到艺术与生活的统一。

在人人都是艺术家的今天，无论是老区城内还是关心老区的大众艺术家们，都有责任把红色资源利用好，把红色传统发扬好，把红色基因传承好。对老区革命精神的传播，不再只是单方面接收的静观默思，而是用文字、语音交流所思所想，用图片或视频展示所见所为。新媒体的社交平台更加强调用户的主导性，让作为媒介工具使用者的用户加入，能组成更大的信息生产者与传播者队伍。例如，官方或旅游开发中对革命遗址的专业介绍和艺术加工图片，固然有很好的艺术和宣传效果，但老区本地市民以及游客的摄影摄像作品更能亲切地传达老区的风貌，让人们了解到更多的细节，有利于对信息的收集和补充，让红色艺术传播更具广度和深度，同时将碎片化的传播信息利用数据的个性化推介，从而更丰富和完整地高效传播城市文化。

（二）展示革命老区城市文化精神

红色精神求真向善、团结拼搏的价值追求在革命战争年代发挥了巨大的作用，极大地推动了中国革命走向胜利，其精神引领作用在今天仍以崇和尚美的人文情怀启迪世人。革命老区要利用好红色资源，充分把握老区城市文化的审美功能，进一步发挥老区红色文化审美的强大感染力和精神指向功用，传达城市文化的价值观念，传播更具时代特色的红色文化艺术精品，用艺术语言讲好红色故事，用艺术创意展示城市文化精神。革命老区可提炼红色元素进行创新，

借助新媒体技术，开发影视与广告、游戏与动漫、音乐与美术等文化艺术产品，以及服装配饰、文创旅游等个性文化产品。除了传播内容，传播方式也要具有创意性才能更具吸引力，才能对城市文化形象进行精准画像。例如，"广州红幸福城"抖音挑战赛，不仅设计红色主题音乐《细说广州红》与特色主题手势舞等创新内容，而且设置网络达人示范等创意活动环节，网民复制与转载时允许截取和修改等，再生创意无限，点击播放量达几亿次，有效提升广州城市形象传播力和显示度。

（三）多向互动红色艺术传播促进老区城市文化发展

第一，通过提高红色艺术传播的体验性，加强革命老区城市文化宣传。革命老区城市文化形象传播要转变思维和方法，关注人的体验和感受，利用红色艺术丰富人的精神生活，发挥红色文化的独特审美旨趣和艺术价值。例如，革命老区官方微博或微信公众号可以通过VR技术来增强用户的体验感。运用VR虚拟漫游技术等，让观看者通过电脑或手机操作实现人机互动，在一个或者多个视点上观看到全景式360°的实景效果，这种虚拟自由漫步的体验感相较于传统图文介绍，大大提高了观看者的理解与感受，同时市民的纷纷转发是自发对城市文化进行宣传的行为。

第二，通过增强红色艺术传播的互动性，增强革命老区城市文化活力。艺术在全媒体传播中以某种意义上的未完成状态呈现，推动了受众的参与性、互动性、合作性。革命老区要利用新媒体进行红色艺术的传播，并不是简单地将红色艺术作品的展位换至新媒体上，而是要设计一个富有创造性的多向互动空间，在创作艺术作品的活动过程中，人们用心和用行动记录着城市文化行为，展示城市文化形象。革命老区通过开展红色艺术活动，包括红色影视作品观评、书画摄影作品展评、音乐舞蹈比赛、短视频制作等，可形成互动循环与全员传播，为老区城市文化形象的传播注入更大的活力。

第三，通过把握红色艺术传播的主导性，坚定革命老区城市文化方向。革命老区从城市文化形象出发，通过红色艺术传播积极引导和影响受众的主动传播行为，要注意把握正能量方向，唱响主旋律，产生正面内外效应，而不能让自媒体带偏方向或主题。革命老区城市文化形象的建设是一项长期的任务，要在载体上全动员、全发力，实现全覆盖，既要有亮点，还要有深度，尤其是对红色艺术活动的开展，一定要避免一闪而过的瞬时效果，要打造系列的经典活动，不断沉淀，实现持续的热度和广度。

第三节 优化红色旅游政府职能

一、红色旅游政府职能概述

（一）政府职能

政府职能是政府基于其职责在国家或地方公共事务管理中所扮演的角色和对社会、经济和政治生活所产生的影响或具有的功能作用。一般而言，政府的职能具体包括"政治职能、经济职能、文化职能和社会服务的职能"。

周平在《当代中国地方政府》一书中认为，地方政府的职能与中央政府的职能内容是一致的，也就是"管治"，但是地方政府的"管治"对象和范围不同，中央政府对全国的行政事务进行统筹管理，而地方政府负责地方性的事务，所以地方政府不涉及外交和国防，因此，地方政府的职能主要包括"维护地方社会的治安；提供公共服务；管理地方的文化教育事务；管理财政，兴办公共事业"。

（二）红色旅游发展中的政府职能

红色旅游作为一项系统的工程，政府职能的充分发挥和有效行使具有关键作用。

学者胡利民和黄涓把红色旅游发展中的政府职能归纳为"组织者、管理者、推动者和服务者"四个角色，因此本节借鉴其研究的成果，把红色旅游发展中的政府职能归纳为以下四个方面：

一是组建团队进行规划的职能。首先，政府制定规划可以为红色旅游建设提供具体的指导思想和清晰的发展思路；其次，政府通过制定发展规划，指导当地红色旅游景区建设和资源开发，通过出台政策和工作方案，强化对红色遗址遗迹的挖掘和开发，保护和利用好红色文物；最后，规划引领是红色旅游项目持续推进建设的重要资金保障。

二是提供公共服务的职能。政府提供必要的旅游基础设施建设和旅游公共信息平台服务。为此，应充分发挥其公共服务的职能，包括提供铁路列车、公交、汽车等道路交通服务；提供游览步道、旅游厕所和垃圾收集等卫生健康服务；提供游客接待中心、信息服务平台、旅游官方网站等信息服务。

三是进行红色旅游市场监管的职能。有力的调控和监管是保证红色旅游发展的有效手段，在市场经济条件下，市场也不是万能的，特别是对于经济相对落后的地区，政府和各相关职能部门更应该加强宏观调控和市场监管，为红色旅游市场提供公平的营商环境。

四是宣传红色旅游的职能。政府是旅游行政主管部门，目的地形象构建和宣传推广是其主要的职能之一。政府的宣传，可以增强红色旅游景区的知名度，促进当地经济的快速发展。

二、转变观念，科学制定红色旅游规划

（一）广泛征集意见，提升规划程序的民主性

政府是人民的政府，因而政府在"掌舵"的时候，要采纳人民的意见，要维护和实现广大人民的根本利益，树立以人民为中心的红色旅游发展导向，从而提高人民群众的主体意识和责任意识。政府部门应摒弃过去以官本位为主导的单边思想，从市场主体的利益出发，建立健全公众参与和意见反馈机制。因此，可从以下三个方面来提升规划的科学性和民主性。

一是组建规划队伍。由于我国大部分地区的红色旅游资源分布在各个乡镇，政府发展红色旅游的直接受益者是红色旅游地区中的村民，因此必须要提高其在规划中的参与度。政府应发挥好自身组织协调的职能，组织相关管理部门、规划专家、新乡贤、地方高校学者组成红色旅游规划领导小组，集思广益，充分发挥规划领导小组人员多领域、多学科的功能，为红色旅游的规划做好准备。

二是广泛征集意见和建议，汇聚民智民意。政府应鼓励当地的民众参与到规划中来，提高他们的主人翁意识，通过召开座谈会、论证会或者是听证会就红色旅游规划编制的空间布局、红色旅游资源、红色旅游路线等规划内容进行分析，征集当地村民的意见，要广泛征求当地民众和业内专业优秀人士的意见，充分考虑当地居民的真实意见和利益诉求，围绕"以人为本，服务于民"这个中心来开展工作，从而实现政府在规划发展战略、规划和开发旅游资源、协调各个利益主体关系等方面的统筹兼顾。

三是建立健全意见反馈机制，实现规划的公开透明。规划设计出稿后要秉着"公开、透明"的原则通过图文讲解的方式，向当地的民众公示公开规划的内容，或者通过微博、微信和官方网站等互联网渠道实施规划公开征求意见，让更多的群众了解规划的内容，从而提出一些具有指导性的意见。此外政府也要畅通反馈渠道，通过安排相关人员进行收集反馈意见，要经过多次反馈和多重讨论，征询各方的意见之后，进一步修改完善规划文本，并再次向公众公开规划的文本，从而确定一个科学合理的规划。

（二）完善红色旅游规划，强化规划的引导作用

政府要基于《全国红色旅游发展规划》和地方红色文化旅游发展规划的要求，围绕当地的重点红色资源，坚持因地制宜、实事求是的原则，突出地域特色进行主题形象定位，从社会效益、经济效益、文化效益和生态效益四个方面统筹谋划地方红色旅游的发展，从而实现红色旅游的可持续、健康、快速发展。

一是要协调好各个方面的规划。不仅要处理好红色资源的保护与开发的关系，还要理顺旅游业与其他产业之间的关系，更要处理好城市发展和乡村发展的关系。因此需要协调好红色旅游与全域旅游规划、城乡统筹规划、产业协调发展规划、土地利用规划、空间布局规划、交通建设规划、环境保护规划的衔接，统筹好各个方面的规划，从而制定出一个科学合理的规划。政府应坚持保护性开发和尊重历史事实的原则，构建旅游业与其他产业相互协调促进的机制，强化旅游产业联动的作用，形成产业带动链条，发挥好旅游业带动农业、工业、服务业发展壮大的功能，促进红色旅游可持续发展。通过加强红色遗址之间的串联打造，将分散的红色遗址搭建成网络，整合资源连片开发，将革命遗址、传统村落、爱国主义教育基地等有效串联起来，开发成集观光、学习、旅游于一体的红色主题旅游路线，打造成具有特色的红色村庄、红色小镇、红色教育基地等。

二是坚持分步实施，做好长远规划。政府应从全局和长远的战略高度进行统筹规划，分轻重缓急，明确各个阶段的工作任务与目标，确定行动计划以及技术的可行性，确定好项目开发的时序表和路线图。按照"整合资源、科学布局、突出重点、分步推进、形成合力、提高档次"的要求进行运作，提高规划的前瞻性、科学性和可操作性。政府应秉持"先期修缮保护一批、后期整合复建一批"的保护思路，有步骤地进行红色资源的开发。

三是注重红色旅游规划的引导作用，推动文旅融合发展。政府应以现有的特色资源为基础，大力发展"红色旅游+"模式，按照"政府先行、激活市场"的原则，引导市场开发经营性红色文化旅游业态。"红色＋文化"，通过红色文化来引领和促进地方历史文化、民俗文化、农耕文化等，例如，推出包含民俗、研学于一体的特色精品路线；"红色＋演艺"，要求以政府为引导，以企业投资为主导，邀请国内实景演出知名企业与机构，围绕当地战役主题，推出大型实景演出剧目，如湘江推出的《血战湘江》《突破湘江》等；"红色＋体育"，通过举办红色骑行、长征跑等参与性的活动，提高民众的参与度。"红色＋教育"，通过举办宣讲活动，促使推动红色文化进机关、进校园、进部队。

(三）加强对红色旅游的统一规划、开发和利用

从政府协同理论来看，政府需要找准自己的角色定位，对红色旅游发展进行宏观调控，优化红色旅游资源空间布局，构建红色旅游产业集群，推动区域旅游的统筹协调和持续发展。以东北红色旅游规划为例，可以将东北抗联博物馆、哈尔滨烈士陵园、杨靖宇烈士陵园等著名红色旅游景点进行串联，通过打通交通线路、举办集体展览等形式将沿线诸多小规模旅游景点无缝衔接，提升东北地区红色旅游的整体吸引力，最终构建起资源雄厚、价值突出、特点鲜明、交通快捷、服务一流的集群式旅游产业，推动红色旅游景点朝着"连点成线，连线成面"的目标发展。

另外还需要丰富旅游业态，加强红色旅游与冰雪旅游的联合互动，进一步整合旅游资源，扩大市场，共享客源，形成叠加优势与整体优势。例如，政府要做好"重走抗联英雄林海雪原"红色文化带的规划建设工作，对沿线的红色冰雪旅游资源进行整合，精心包装，创新旅游形式，促进红色旅游和冰雪旅游加速融合，完善旅游产业链，最终打造"南走长征路，北走抗联路"的全国红色旅游精品路线。对红色旅游进行科学规划，结合冰雪文化，完善旅游产业链，让红色基因激活冰雪资源，让冰雪旅游带动红色经济，最终形成"东南井冈山革命摇篮""西北延安革命圣地""东北抗联英雄林海雪地"的全国红色旅游"三足鼎立"局面。

（四）由管制型政府向服务型政府转变

政府应当贯彻为人民服务的宗旨，把公共利益放在首位，树立服务意识，真正实现由管制型政府向服务型政府的转变。政府的角色应当定位成"掌舵者"而不是"划桨者"，要实现角色转型，政府必须要尊重市场规律，适应社会主义市场经济的发展，把市场能管好的事情让给市场，不能事无巨细一手包揽，而是以市场配置资源为主导，政府则进行必要的宏观调控。例如，政府应当重视发挥旅游协会的作用，把一些工作事项如旅游企业管理规范、对旅游景区基本情况的调查统计、对旅游从业人员的培训与考核等可以交给当地旅游协会协调管理，同时通过旅游协会将游客的诉求传递给政府，努力将旅游协会建设成为行业与政府、市场良性交流的重要平台，政府尽量以法律手段而不是行政手段来管理旅游企业，给旅游企业规范、科学的发展空间，促进旅游业的良性发展。

三、充分发挥政府的主导作用

与一般旅游不同的是，红色旅游内含一种特殊的文化即红色文化，它是一

种特殊的品牌旅游与文化旅游。社会效应是红色旅游追求的首要目标。发展红色旅游要时刻将社会效益放在第一位，这种特殊性决定了红色旅游的发展必须要坚持政府主导的原则。在发展红色旅游的过程中，为了更好地弘扬红色文化，提高广大人民群众对红色文化的认同，针对目前红色旅游市场出现的问题和红色文化认同的现状，应更充分地发挥政府在红色旅游发展中的主导作用。

（一）完善红色旅游发展的政策，加大红色文化传承的力度

首先，制定和完善红色旅游发展规划，为红色文化传承提供强有力的保障。各省、自治区在落实红色旅游发展规划的过程中，依据各自的实际情况，制定了相应的红色旅游发展专项规划，用于指导本省、自治区红色旅游的建设和发展。为了提高游客对红色文化的认同，各省、自治区在制定红色旅游发展专项规划的基础上制定了红色景区规划，提高红色景区的规划水平，在对红色景区进行规划建设时，加大红色文化传承的力度，从提高游客红色文化认知的广度和深度两方面着手，深挖红色景区中红色文化的内涵，加强红色文化的传承。

其次，制定红色旅游发展的奖惩制度。完善的奖惩制度可以充分调动参与者的积极性，同时也可以规避一些不规范、不作为的行为。国家及各省市、自治区的各级政府通过制定红色旅游发展的奖惩制度，对本区域内的红色旅游的运行和效益进行监督和评比，可以有效提高红色旅游发展的社会效益和经济效益。国家文化和旅游部发布公告，批准《红色旅游经典景区服务规范》（以下简称"《规范》"）通过，并于2017年5月1日起开始实施。在《规范》中明确提出了各景区管理部门应建立内部和外部的服务质量奖励、处罚、考核及考评机制。各级政府也应该制定红色旅游发展的规范及奖惩规定，对红色旅游发展较好的政府和企业进行奖励，同时对发展不规范的行为进行处罚。各级政府在制定红色旅游发展的奖惩制度时，要强调把社会效益放在第一位，把传承红色文化，提高游客红色文化认知作为主要的考核要素。

（二）加大红色旅游发展的资金投入

1. 加强红色景区的硬件建设

首先，加强红色旅游区的基础设施建设，提高基础设施配套水平。基础设施建设是发展旅游的前提条件，尤其对于发展红色旅游更是如此。红色旅游区一般处于经济基础比较薄弱的革命老区，基础设施的建设不是一朝一夕能够改善的。同时，由于基础设施建设前期投入大，见效慢，而且涉及多部门联动和配合，只有政府主导，并提供政策和资金的相关支持才能保证基础设施快速改善和提升。

我国部分红色旅游景点受地理位置偏僻的影响，基础设施和接待设施并不完善。发展红色旅游不仅是文化工程、经济工程，更是政治工程，需要地方政府发挥主导作用。一方面，政府需要增加投资力度，向国家、省、市有关部门申请专项资金，获取资金和政策的支持，通过保障财政资金，完善红色旅游公共服务体系，建立集旅游集散中心、公共信息服务中心、安全救助服务中心、服务投诉中心于一体的旅游综合服务中心。政府要加强政策支持与资金投入力度，完善景区配套的设施，加快景区到周边主要城市的道路建设，完善铁路站点布局，支持有条件的红色旅游重点区域新建或改、扩建支线机场。要加大资金投入，完善景区周边的文化娱乐设施，如博物馆、游泳馆、体育中心等，优化游客的旅游体验，提高对游客的吸引力。另一方面，政府应制定相应的财政政策，优化政府性融资，设立红色旅游专项资金和发展资金，建立财政投入稳定增长机制。政府应以创建文明红色景区和A级景区为目标，进一步完善红色景区的道路交通、水电、通信网络和其他基础设施，强化空气质量、城市绿化、公共卫生环境等，提升红色景区的可进入性。

其次，加强革命历史文化遗产的保护和修缮。同时对重要的革命遗迹、遗物与国家级烈士纪念设施的修缮与保护给予适当的经费补助，化解抗战遗址保护与城市建设之间的矛盾。在对革命历史文化遗产进行保护和修缮的过程中，要严格尊重历史事实，要依据修旧如旧的原则对遗迹或文物进行修缮，同时做好对革命历史资料及文物的搜集和整理工作，在这些史料的基础上，努力挖掘红色文化的内涵，真实再现历史。

最后，对景区内餐饮行业和民宿行业进行整顿，制定行业内严格统一的定价标准和卫生标准；改善景区内的公共卫生设施，建设标准化旅游厕所，加强环境卫生治理和垃圾集中处理，创造干净整洁的景区环境，提高服务的规范化水平和旅游的接待质量，以增强旅游产品的市场竞争力，推进红色旅游的长远发展。

2. 加强红色景区的人才建设

红色旅游的经营者和从业者是红色文化传承的实施者，经营者和从业者的服务技能、政治素质以及文化水平直接决定着红色旅游的社会效益。旅游的本质是休闲怡情，游客慕名而来，在景区游览停留，或缅怀学习，或体验休闲刺激，或品尝特色美食与购物，都希望留下美好回忆，这就对旅游从业者提出了很高的要求，从景区的策划、规划，到景区服务的软硬件设施、服务人员的专业水平、服务意识等都体现景区品质。

首先，对红色旅游的经营者和从业者进行思想政治教育。政府通过组织思想政治教育和培训，提高红色旅游的经营者和从业者的理论水平，坚定他们的社会主义信念，树立正确的价值观，只有红色旅游的经营者和从业人员拥有坚定的马克思主义信仰，才能保证红色文化传承的方向不偏离。其次，对红色旅游的经营者和从业人员进行历史知识教育。红色旅游的经营者和从业者需要在熟悉红色旅游发展政策的基础上，吃透历史，并向游客深刻而完整地展现革命历史，遵循红色文化的严肃性和严谨性，正确引导游客建立红色文化认同。最后，加强服务技能培训。服务技能是从业者高水平地向游客传达红色文化的关键，通过服务技能培训，红色旅游从业人员能更深刻、更有激情、更有技巧地用红色文化感化旅游者。从宏观角度上，政府应当制定人才政策，推动红色旅游人才的培养与引进工作，要培养人才、吸引人才、留住人才，推动红色旅游的可持续发展。与高校签订战略合作协议，鼓励引导高校旅游专业毕业生投身到红色旅游企业中去，加强红色旅游专业人才的队伍建设，尤其注重培养和引进高层次高素质人才，培养足够了解旅游市场整体情况和线路开发的专门管理人才，从而提高对红色旅游业发展的规划水平。在基层从业人员建设上，政府应当鼓励红色旅游景区对其导游、讲解员进行定期职业培训，提高他们的专业能力、服务质量、思想觉悟。在人才教育培训上，政府应在红色旅游资源丰富的地方积极发展红色旅游职业教育，如军队、学校、党校等群体是红色文化的主要受众和主要传承者，应注重在这些群体中加强红色文化宣传，并支持有条件的高校开办红色旅游相关的课程、讲座，让红色文化走进校园。

3. 开展对红色旅游健康发展的科学研究

科学研究是对事物的形成原因、过程规律进行研究，使人们可以按规律办事，达到事半功倍的效果。加强对红色旅游的科学研究，可以发现红色旅游发展的规律，提高红色旅游发展的效率。政府可以通过设立红色旅游研究基金，启动红色旅游研究经费，调动研究者对红色旅游研究的积极性。

4. 加大宣传投入，打造全国知名红色品牌

政府应当在宣传方面加大资金投入，在重大革命纪念日和国内主要节假日前后要做好宣传营销工作，开展群众性的红色文化宣传活动，营造浓厚的红色文化氛围。另外还要利用媒体做好宣传，进一步加强与报刊、广播、电视台等媒体的合作，制作高质量的红色旅游公益广告，尤其注意利用好主流媒体的宣传作用，如人民日报、新华社等一些影响力广泛的新闻媒体，推动红色旅游打开市场。由于红色旅游资源具有特殊性，政府还应该加强与军队、学校、党校

等特定群体的合作,充分利用特定群体的影响力进行宣传。要打破陈旧的宣传方式,政府旅游相关部门应积极通过互联网新媒体进行宣传和推广,在其官网上公布本地区红色旅游的规范性信息,并开设专门的微博、公众号等,加强旅游产业信息化建设,实现"互联网+红色旅游"宣传模式。文学艺术作品是文化的重要载体,要加强对体现红色文化内涵的相关书籍、歌曲、影视作品、民间传说创作的扶持力度,进一步提高红色文学作品的创作数量和质量,通过红色文化作品的丰富叙事手法和生动表达使静态的红色纪念馆、展馆、博物馆更加神圣化,更具生命力,从而全方位表达红色记忆,强调民众的价值共识和情感认同,提高红色旅游产品的辐射力和吸引力。

（三）加强对红色旅游发展的监督和管理

红色旅游将追求社会效益放在第一位,肩负弘扬红色文化、对国民进行爱国主义教育的重任。近年来无论是中央政府还是地方政府,都投入了大量的人力、物力和资金来支持红色旅游的发展。但是在发展红色旅游的过程中却出现了一些问题:一些政府由于片面追求政绩,大兴土木进行红色旅游景区建设,对有一些红色元素的景区进行过度开发,甚至偏离了历史事实;还有一些政府滥用红色概念,为了与红色旅游挂钩,对红色概念捕风捉影,投入了大量资金建设的红色景区最后却无人问津,最后由于缺乏经营和管理逐渐荒废。这些问题不仅造成了国家资产的流失,更不利于弘扬红色文化,还容易引起人们对红色文化的误解,误导游客对红色文化的认知。

为了使红色旅游健康有序有效的发展,提升人民群众对红色文化的认同,政府有必要进行逐级监督和管理。首先,实现红色旅游要有发展,更要有效益。为了避免一些地方政府的好大喜功,扭曲国家发展红色旅游的本意,中央政府要加强对省级政府的监督管理。同时,省级政府也要加强对市级及以下政府的监督和考核工作,要使监督和管理工作覆盖红色旅游发展的全过程,要对红色旅游所产生的经济和社会效应进行双向考核和管理。其次,政府要逐级监督红色旅游资金的专款专用情况,不能借着发展红色旅游的名义,挪用资金进行其他建设工作。由于部分政府将发展红色旅游的资金挪作他用,导致在红色旅游项目在开发过程中,一部分景区缺乏资金支持,基础设施建设薄弱,降低了景区的可进入性,严重影响游客的体验,使游客通过红色旅游接受红色文化教育的积极性受到打击。

此外,建立系统完善的市场监管体制,完善相关法规与信息体系。针对旅游市场中存在的秩序混乱、景区定价不合理、景区的虚假广告宣传等现象,政府应当加强对旅游市场的监管，为推动红色旅游的健康有序发展，政府可以从以下两个方面入手：

一方面，依法行政的前提是有法可依，旅游相关的法规和信息体系的不完善是制约红色旅游发展的重要因素，政府必须重视起法制建设工作，不仅要严格落实国家已有的相关法律法规政策，还应当对一些旅游业发展较好的地方的相关法规进行学习和参考，取其精华，结合本地实际情况，制定符合地方实际发展的法律法规，例如旅游企业管理法规、红色旅游专项管理条例等，完善相关的法规与信息体系，做到有法可依。

另一方面，政府必须要加强对旅游市场的监管，建立系统完善的市场监管体制，政府相关监管部门要负起责任，切实履行监督职能，不能使监督流于形式，杜绝懒政、怠政，同时加强与群众之间的沟通，开通举报热线，完善群众举报渠道，将监督的进度和成果及时进行对外公开，并接受来自人民群众的监督。对发现违规违纪的旅游企业，一律按照规定进行严肃处理，为旅游企业的发展创造一个公平自由、合理竞争的良性发展环境。

四、健全管理体制，加强市场监管力度

（一）完善管理体制，确定监管部门的职责

完善的管理体制机制是解决红色旅游景区监管力度不够、监管职能交叉重叠、监管职权不清的有效途径，是规范政府行为、畅通投诉渠道、维护旅游者权益、提升政府行政效率的有效保障。

首先，建立红色旅游监督考核机制。将红色旅游市场监管纳入创建全域旅游示范区考核中，细化考核指标，提高考核的比重，要做到公平公正，奖惩分明。建立领导跟进重大项目和重点工作服务推进常态机制，及时发现和处理项目建设中的土地、融资、人员、技术等问题，强化跟踪调度，建立问题台账，从而有效监督项目的实施过程，推动项目建设进度。

其次，畅通红色旅游投诉渠道，健全消费者权益保护体系。一方面，政府可在旅游官网上设置在线投诉，建立"以游客为本"的旅游质量评估体系和旅游投诉平台，妥善处理消费者的投诉和举报，争取赢得游客的信任，维护游客的合法权益。另一方面，加快建立红色旅游信用信息公示制度和失信惩戒制度，建立红色旅游培训机构、旅行社和旅游购物店的诚信档案。对该地区内从事旅游经营活动的市场主体及从业人员遵守法律法规、诚实守信的经营状况在旅游官方网站、微博、微信等平台实行定期公布，对严重违法违规的旅游机构实施"黑

名单"制度和退出制度，倒逼旅游机构进行规范化和合法化经营。

最后，建立红色旅游监管责任追究机制，完善考评机制。把红色旅游的监管工作纳入旅游监管"责任清单"中，明确各个部门的职责分工，从而进一步规范市场秩序。对其职责范围内的工作人员处理游客投诉不及时和不合法的问题，应取消工作人员的年终考核资格，对玩忽职守、推诿扯皮的工作人员应依法追究其责任。加大对"黑车""黑社会""黑商贩"的打击和惩处力度，维护游客合法权益。

（二）发挥政府、社会组织和媒体的监督作用

根据新公共管理理论，构建政府和社会之间互动的公私合作的治理模式，有利于确保红色旅游市场的规制朝着科学化、制度化、规范化的方向发展。因此，需要充分调动政府、群众和媒体的积极性，充分发挥各自的作用，形成监督合力，真正实现红色旅游的良性发展。

第一，建立红色旅游联合执法机制，提升红色景区的管理与服务水平。政府应该构建起旅游主管部门牵头、各部门协调联动的发展机制，彻底改变过去监管薄弱或监管不力的现象。通过联合当地的旅游、工商、公安、卫生、食药、质监、物价等部门，组建红色旅游联合执法机构，确保开展稳定化、专业化、常态化的联合执法。红色旅游联合执法机构应当打破"部门壁垒"和"信息壁垒"，加强信息和政策互通互享，"要在政府部门间和部门内建立整合的信息交流和汇报系统，实现各方信息共享"。另外，红色旅游联合执法机构应加强对执法人员的培训，保证执法人员的素质，实施常态化的业务考评、考核制度，业务考核不合格的应当及时依程序清出执法队伍。

第二，成立旅游行业协会，发挥行业协会的自律作用。通过以行业协会为依托，建立红色旅游的动态监控体系，打造监测平台，对红色旅游游客、红色旅游设施、红色教育培训机构、红色旅游收入、红色旅游路线进行时时管理，从而推进红色旅游标准化体系建设，全面提升红色旅游管理与服务水平。

第三，应充分发挥媒体监督的作用。在西方国家，新闻媒介被誉为除了立法、行政、司法之外的"第四种权力"，由于其具有真实、高效、公正的特点，在现代社会，媒体被广泛用来进行舆论监督。利用新媒体平台及时地公开旅游企业的资质、资金状况，人员结构以及信用度等，引导广大群众进行监督。

第四节　红色旅游市场的开发

红色旅游具有其自身的特殊性，红色旅游资源与旅游市场的紧密结合形成了独具特色的红色旅游市场。由于红色旅游的特殊性，截至目前，以国内游客作为红色旅游的客源市场主体进行红色旅游市场的研究，基本得到了国内学者的共识。目前，学者关于红色旅游市场的研究，主要集中在市场营销策略、市场结构特征、消费者行为等方面，并以此进一步为红色旅游开发提供建议和借鉴。如罗茜等学者认为红色旅游市场营销应突破现有传统营销方式，通过构建特色精品、产品体验进行营销。学者陆军认为红色旅游营销除了采用价格、品牌、广告、展览会、形象传播等常规性策略外，还要根据需要采用一些独特的、具有创意的旅游营销策略。学者李永乐认为红色旅游营销应从红色旅游目的地而非单一旅游产品的角度出发，综合运用品牌、网络、组合营销和协作营销等策略。

一、红色旅游市场开发战略

（一）政府主导战略

众所周知，红色旅游产业是典型的政府主导发展的产业，政府主导战略是指导我国红色旅游发展的一条重要原则。鉴于此，红色旅游市场开发也应在政府主导的背景和前提下进行，政府应根据红色旅游产品特性，在市场定位、市场引导、宣传促销等方面发挥主体作用。然而，从长期看，为实现我国红色旅游的可持续发展，应逐步从"政府主导"转向"政府引导、市场主导"，即要根据市场需求特征进行红色旅游产品转型和升级，变"被动式市场"为"主动式市场"。

（二）市场渗透战略

市场渗透战略，即企业在原有产品和市场的基础上，通过加强市场宣传、提升产品质量、增加销售渠道等举措，维护老客户，争取新客户，以达到逐渐扩大产品销量，最终达到增加老产品在原有市场上的销售量的目的。如前所述，当前我国红色旅游客源市场的人员结构、地域结构、年龄结构、组织方式等方面的集中度较高，市场面较窄。鉴于此，我国红色旅游市场开发应遵循市场渗透战略，通过提升红色旅游产品质量、加大宣传力度、加强营销组合等方式，广泛开拓红色旅游市场。

(三）形象提升战略

一方面，当前我国红色旅游目的地（景区）给予市场的印象，就是接受爱国主义教育和革命传统教育；另一方面，由于政府部门在客源市场拓展方面发挥主体作用，一些红色旅游目的地（景区）不愁客源，红色旅游景区（点）在旅游形象方面的宣传不到位，导致市场对红色旅游产品认识不够，甚至对红色旅游活动感知有偏差，以为红色旅游就是纯粹的政治教育和思想灌输。鉴于此，我国红色旅游景区（点）应本着树立良好市场形象的原则，从理念识别、行为识别和视觉识别三方面进行旅游形象提升。红色旅游景区（点）的理念识别，是指红色旅游景区（点）和企业在长期生产经营红色旅游产品过程中所形成的共同认可和遵守的红色精神价值准则和红色文化观念，以及由红色精神构成的企业价值准则和红色文化观念决定的景区和企业经营方向、经营思想和经营战略目标。红色旅游景区（点）的行为识别，是指红色旅游景区（点）和企业理念的行为表现，包括在红色精神和红色文化指导下的红色旅游企业员工对内和对外的各种行为，以及红色旅游企业的各种生产经营行为。红色旅游景区（点）的视觉识别，是指通过红色精神和红色文化等元素打造的形象广告、标识、商标、品牌、产品包装、企业内部环境布局和厂容厂貌等媒体及方式向大众表现、传达红色旅游理念。

（四）产品创新战略

由于旅游市场呈现需求多样化和个性化的发展趋势，传统单一的革命教育模式已不能满足红色旅游市场目前与未来发展的需求，应大力从深度和广度等不同角度进行红色旅游产品创新。第一，提高红色旅游产品自身的参与性、体验性、娱乐性，如结合现代科技手段推出实景演出和情景模拟，也可以以情景再现的方式表现火热激烈的革命斗争场面和斗志昂扬的革命生活场景。第二，突破当前单一、单调、单色的红色旅游产品现状，加强与绿色、古色、土色等旅游产品的融合，拓宽红色旅游产品内容的宽度，深化红色旅游产品内涵的深度，开发形式多样的复合型红色旅游产品。第三，加强产品区域组合，既包括区域间红色旅游产品的组合，又包括区域间红色旅游产品与其他旅游产品的组合，实现不同旅游资源、不同旅游产品的相互促进、相互推动，共生共荣、共同发展。

（五）营销组合战略

在营销方式方面，应实施营销组合战略，组合多种营销方式和渠道，以广泛开拓红色旅游市场。采取的营销方式和渠道主要有：第一，服务营销，以人为本注重提升景区服务质量和水平，以提高游客满意度，如改善讲解服务等；第二，广告营销，根据需要选择广播电视、互联网、报刊杂志、户外媒体等广告营销方式；第三，体验营销，即关注游客体验，邀请有代表性的游客进行产品体验，参与产品开发和设计；第四，联合营销，根据红色旅游地的历史和主题，与不同区域的旅游景区（点）和企业展开合作营销活动，发挥整体优势。

二、积极发挥市场的高效作用

红色旅游的概念早已深入人心，资源往往是独一无二的，没有可替代性。在旅游元素多元化的今天，旅游者对旅游的期待更多是休闲怡情，来一次"说走就走的旅行"，让身心从高压的生活中解脱出来，将城市的拥挤、生活的压力通通抛开，这也是出国游热度不减的一个重要原因。但也有一些问题显现出来，第一，如果红色旅游仅仅起到缅怀学习的作用，那就失去了一大部分市场，这已经是不争的事实。这种表现形式的刻板性，适合党政机关、企事业单位及学校等缅怀学习需求明显的群体。第二，旅游是搬运消费的行业，必须提供良好的基础设施和服务设施。众所周知，很多红色旅游目的地往往交通并不好，完善基础设施，顺利实现"搬运消费"需要巨大投入。

社会效益第一的原则决定了发展红色旅游必须以政府为主导，然而经济效益也是发展红色旅游的重要目标，鉴于政府资金的有限性和使用的低效性，在市场经济条件下，红色旅游业的快速发展不可能完全依靠政府，还要重视市场的作用。在发展红色旅游的过程中，我们可以充分调动市场的积极性，增加红色旅游业发展的活力。由于红色旅游的特点，市场在通过企业行为增加红色旅游的吸引力、提高红色旅游业经济效益的同时，要采取有效方式扩大红色文化的受众，提高红色文化认知的广度和深度，提升广大游客的红色文化认同，让红色旅游"红"得更持久。在政府主导的前提下，实施市场化改革，实现市场在资源配置中的基础性作用。

（一）鼓励社会资本参与红色旅游的开发和运营开发

红色旅游业需要投入大量的人力和物力，不仅前期的基础设施建设需要大量资金，后期的维护也是一笔不小的费用，单纯依靠政府的投入，会给政府带来很大的经济负担。红色旅游的迅速发展需要海量资金的投入，很多财政实力不够雄厚的地区虽然拥有得天独厚的红色旅游资源，但由于资金瓶颈，制约了红色旅游业的开发和发展。红色旅游业的健康高效发展还需要鼓励民间资本或各种所有制企业公平参与到红色旅游的发展之中。

政府与社会资本合作（PPP）推进红色旅游规划开发的项目是现在红色旅游区推崇的新模式。有专门的旅游规划公司认为，红色旅游在对社会资本满足其逐利的前提下又提出了新的要求：首先要有情怀，对红色旅游认同度高，有长远规划；政府和社会资本双方均要诚意满满，让红色旅游PPP项目不只是隆重的"婚礼"，而是相互支持与包容、各展所长、惠及民生的"和谐婚姻"；其次要会"造景"，参考资本主导的古北水镇，要求资本有强大的策划运营能力，在传承保护中不断创新表现形式。

（二）促进企业间公平竞争，实现优胜劣汰

公平的竞争环境是发挥市场高效作用的前提，在市场化改革的过程中，政府要营造公平的竞争环境，完善法律制度建设，消除行政壁垒和地方保护主义。

我国现行的一些行政管理体制对旅游业的市场化改革存在一定的制约，长期以来，很多的地区一直存在地方保护主义，对于外来资本的加入设置了很多行政壁垒，这不仅不利于市场的公平竞争，还严重影响了市场对于资源配置的效率，限制了红色旅游业的健康高效发展。

实践证明，市场化程度较高的地区，旅游业的发展比较迅速，经济效益和社会效益也较高。目前，京津冀地区实现了区域合作，发展全域旅游，有效地减少了地方保护主义，红色旅游发展得如火如荼，获得了显著的经济效益和社会效益。长三角和珠三角一带的区域合作也取得了显著的效果，它们作为市场改革的前沿，为其他地区的市场化发展起到重要的借鉴作用。

加强法律制度建设，推动中介组织的发展和完善。在我国旅游业的发展中，出现了很多零团费、负团费等充斥旅游市场的不良行为，生产者和消费者的权益得不到保护，使旅游市场混乱，阻碍旅游业的健康发展。进一步加强相关法律制度和中介组织建设，有利于协助企业建立现代化的企业制度，明晰产权，规避不规范的市场行为，实现旅游市场有序、健康、高效发展。

（三）促进要素市场发展与完善

随着红色旅游的发展，各地区之间的恶性竞争以及资源浪费现象越来越严重，实现红色旅游和红色文化的产业化是发展的必然之路。进行市场化改革，让市场灵活地配置资源，并促进红色旅游和红色文化与其他相关产业融合，是加快红色旅游和红色文化产业化的根本前提。

在旅游业中，市场对资源配置的基础性作用主要体现在对供给要素如土地、自然资源、资本、相关专业人才和技术的聚合和配置，市场可以促使各要素之

间相互交织，从而形成联系紧密的红色旅游产业链。同时，还可以让资本市场新兴的产业机制充分发挥在旅游供给要素资源配置中的作用，建立健全红色旅游资产交易体系，促使红色旅游产业进一步做大做强。

三、积极开发红色旅游国际市场

（一）加快基础设施建设，提高接待服务水平

由于我国部分红色文化遗产分布于偏远落后地区，交通等基础设施较差，可进入性不强，同时旅游接待服务水平也未能与国际接轨，接待服务方式未能形成中国特色，在一定程度上影响了红色旅游国际市场拓展的信心，成为红色旅游国际市场拓展的制约因素。旅游产业是涉及吃、住、行、游、购、娱等多行业多领域的综合性产业，拓展国际旅游市场，首先要优化配置各产业要素，其次要强化各项软件建设，提升红色旅游整体发展水平和质量。

第一，按照旅游行业标准和景区建设标准，加大对红色旅游景区（点）在交通、水电、能源、通信、环保等基础设施上的建设投入，重点突出改善红色旅游景区公路和游步道设施，完善红色旅游交通格局，提高景区的可进入性、互通性、安全性和舒适性。

第二，按照旅游景区和行业甚至国际相关标准，完善、提升红色旅游景区（点）的餐饮、住宿、厕所及其他各项配套服务设施，按照国际通用标准建设部分酒店、餐馆设施，加大景区卫生环境整治，尤其是加大旅游厕所建设，按照双语种或多语种标准建设旅游标识系统。

第三，在提升硬件设施标准的同时，加强软件设施的完善和提升，包括提高旅游服务水平、景区和社区管理水平等。

（二）加大宣传营销力度，提升红色旅游形象

目前，我国大部分红色旅游景区，针对国际市场的宣传促销活动很少，导致国外对我国红色旅游的发展现状和产品形态不甚了解。另外，由于传统陈旧的开发模式和千篇一律的政治与思想教育内容，也导致国际市场对我国红色旅游形象的认识停留在革命教育和"党化"教育的层面。因此，加大我国红色旅游国际市场宣传营销力度，提升和改善我国红色旅游形象，迫在眉睫。

第一，学习国外"历史遗产旅游"的发展经验，将我国红色旅游与第二次世界大战遗产旅游和"世界反法西斯战争"遗产旅游有效对接，既作为其有机组成部分，又作为其特殊板块，树立一个和世界反法西斯战争相关联、又凸显自身特点的红色旅游形象和品牌。

第二，对我国红色旅游产品和内容的宣传营销，应保持景区生态、环境、资源、人文氛围的历史真实性，在积极宣传中国共产党可歌可泣的历史功绩和红色精神的同时，也应客观反映其他党派和世界各国在我国近现代革命史上作出的一切有利于进步和发展的积极因素。

第三，应通过网络、电视、户外广告、展会等多种营销手段和渠道，加大对海外市场的宣传营销力度，扩大我国红色旅游品牌产品在国外和境外的影响力。

（三）深挖红色文化内涵，提高旅游产品品质

红色旅游是我国的一种特色旅游产品，是红色文化与旅游方式有机结合的产物，是一种具有特殊文化内涵的主题旅游产品，是建立在红色文化资源基础上的一种精神文化旅游产品。目前，我国红色旅游产品的展示方式有诸多不适宜国际客源市场的地方，其内涵有待深化拓展和科学解读。

第一，深入挖掘和科学解读，客观认识井冈山精神、苏区精神、长征精神、延安精神、西柏坡精神等具有世界遗产意义的"红色精神"，将其与第二次世界大战文化遗产和世界反法西斯战争精神遗产有效和有机对接。

第二，要从内涵、主题、形式、方法、体验设计等方面对红色文化进行创新演绎，促进红色旅游的形式多样、与时俱进。如，要持续采用光、电、声等现代多媒体和虚拟展示技术，对革命历史、红色人物、红色故事等进行演绎解读和历史情景再现，增强红色旅游产品和活动项目的形象性、生动性、趣味性，以增加红色旅游的吸引力和感染力，做到红色旅游产品从静态展示到多维景观再到互动场景的提升，从产品展陈到景区游览再到身心体验的提升。

（四）加强区域资源整合，丰富旅游产品组合

首先，加强红色旅游景区区域内部的资源有机整合，深度融合，包括"红绿结合""红古结合""红土结合"。"红绿结合"主要是指将红色旅游与自然休闲观光旅游结合起来，"红古结合"主要是指将红色旅游与其他类型文化元素结合起来，"红土结合"主要是指将红色旅游与当地的民俗文化结合起来，丰富红色旅游产品和项目的内涵，拓展红色旅游产品的外延。另外，加强红色旅游景区（点）与其他景区即区域间的资源整合，如红色旅游与山水生态旅游、乡村休闲观光旅游等的组合，打造综合性、多元化、立体型的旅游精品线路。

第五节 地方红色旅游多方位协同发展

一、红色人文景观与自然景观的结合

首先，在开发一处红色文化旅游资源时，要注重红色人文景观与生态自然景观相结合的原则。政府应加大为该项目开发提供相应的资金支持和政策支持，以确保红色文化旅游资源开发项目顺利开展。其次，开发红色人文景观与生态自然景观相结合的旅游景区时，要以保护生态环境为前提。确保旅游景区的建设不会对当地的生态环境造成破坏，不能只一味地注重红色文化旅游，而对绿色生态环境选择性忽视。因此，地方政府在参与红色文化旅游资源开发时，要加强对开发过程的监督，以保障在不破坏生态环境的前提下完成对红色文化旅游景区的建设。最后，加紧红色文化旅游景区基础设施的建设，包括开通公共交通线路、游客服务中心、红色文创产品店、红色情境体验基地等，以此提高游客的游玩兴趣和游玩体验，并且由此带动周边乡镇的经济发展，提供就业岗位，推动精准扶贫政策的实施，从而形成文化旅游产业链。

二、区域红色文化遗产协同发展

要想实现区域红色文化旅游资源的可持续发展，就必须坚持传统的发展方式，通过区域合作、多元融合，探索开发方式。区域红色文化旅游的核心竞争力在于开发、挖掘、整合和创新保护革命遗址、文物资源和非物质红色文化资源。

（一）加强红色旅游区域合作

一是要加强地区内各红色旅游景区的合作。结合实际情况，因地制宜，通过资源的整合、产品优化和基础设施的共享来实现景区之间的共同发展。通过合作推出旅游产品与服务、旅游精品线路等，增强市场竞争力与吸引力，实现共同发展。通过地区内红色景区之间联动发展，带动周边红色景点的发展，实现地区红色旅游的整体发展。二是要打破行政区划的界限，加强与周边省市的合作，实现省际联合发展，共同打造红色旅游精品线路。一般来说，旅游资源的同质化非常容易导致同质化竞争，但如果经济主体的旅游资源协同规划可以集中资源优势，扩大红色文化旅游规模，红色旅游将获得不一样的发展效果。以长征红色旅游资源为例，由于途经省份很多，只有通过跨地区的联合，才能真正形成红色旅游区。"红红联合发展"是红色旅游发展的必由之路，区域合作开发红色文化遗产的实践已取得了显著成效。如贵州、四川联合打造"长征

精神"精品旅游路线,形成"1+1>2"的联动效益,最终实现红色旅游的共同发展。

(二)组合发展

发展区域红色文化旅游必须追求"红色文化旅游"和"绿色旅游""民俗旅游""历史文化旅游"等的结合,合理设计旅游方式和路线,真正实现红色文化与悠久历史的融合,让游客在感受革命精神的同时,置身于绿色森林之中,同时体会农业文明的精神内涵。

(三)注重红色文化遗产传承

在旅游资源多元整合的过程中,区域无形旅游资源的设计与红色文化遗产传承是促进区域红色文化发展的重要举措。以往口头传承的传统的红色非物质文化遗产方式应该迅速改变,增加文本记录等多种方式,在图像、音视频等的基础上,创作和正式出版真实的革命故事。

(四)利益相关者共同努力

各地政府有责任充分激发利益相关者的积极性,完善基础设施,保护生态环境,为建设生态文明创造良好条件,促进红色旅游的可持续发展。同时,红色旅游活动的运营成功与否也与旅游经营者理念、旅游景区的管理水平、当地居民的参与程度等密切相关。政府要发挥主导作用,整合各方力量,推动红色旅游按照总体规划发展。

三、创新高科技利用,增加体验式旅游产品的开发

目前,我国大部分红色文化旅游景区以静态展示为主,博物馆、展示馆等场馆占很大比例,这也是地区红色文化旅游市场一直不温不火的重要原因。为了提升地区红色旅游的感染力,在深挖红色文化内涵的基础上,可融入现代高科技手段,以创意设计为核心,开发VR/AR高科技项目,再结合密室逃脱、对抗竞赛、知识问答等游戏元素,打造红色文化旅游特色线路,强化"沉浸式"红色文化活动体验,充分调动游客的视觉、听觉、嗅觉等感官,满足游客求新、求奇、求知的体验需求,让游客获得更加强烈的心灵震撼和深刻的精神感悟,打造高质量、高品质的旅游产品。

在上海,红色旅游线路通过融入"密室逃脱"、党史知识问答、城市定向等形式多方位呈现红色基因,游客通过沉浸式体验从"情景再现"中"亲历"难忘岁月,从"旁观者"变成"参与者"。各个红色景区可以依托各类自媒体平台,加大红色旅游市场营销力度。通过创新宣传方式和渠道,借助新技术、

新业态，创造出一批体验式、互动式、沉浸式文化旅游精品项目。

另外，采用数字化技术的传播方式。红色旅游目的地的推广，不仅需要传统的电视、报刊和海报等的宣传，更需要微博、微信、微视频、抖音、美篇、动画等互联网技术平台为红色旅游的宣传"赋能"。政府可通过与通信运营商签订协议进行合作，依托互联网技术，建立智慧展馆、数字博物馆，创新"云上学党史""红色大讲堂"等载体，开展线上"5G+VR"红色文化互动讲解直播服务，讲解地区战役的历史，促使红色文化资源从静止的物态属性向动态的数字信息转变，使红色文化资源得到全景式、立体式、动态式的展示，扩大当地红色旅游景区的知名度。此外，也要鼓励当居民、游客、文学作家等不同群体通过自媒体、社交平台等传播当地的红色旅游品牌，营造"人人都是代言者"的品牌推广氛围。

四、红色旅游与文化创意产业融合发展

红色旅游的本质是红色文化，红色文化的传播多采用革命历史教育的方式。然而，红色歌曲和红色戏剧才是当代的"流行色"，是最佳的传播渠道。红色文化正是通过歌曲和戏剧这样的艺术形式广为传播，才深入人心、妇孺皆知的。许多红色旅游地，如江苏常熟的沙家浜、山东的沂蒙山，就是通过现代京剧《沙家浜》、歌曲《沂蒙山小调》广为人知并成为红色文化名片的。红色旅游对于游客的吸引力不仅体现在其革命历史教育内容上，还有红色歌曲和戏剧带给人的崇高美的艺术审美上。

红色旅游目的地的知名度大小，通常都用一张"文化名片"衡量。正是"文化名片"独特的红色内涵和特殊的时代背景，才使这个文化名片成为一个创意符号，并广为人知，极受欢迎。

（一）文化创意丰富红色旅游内涵

沙家浜红色旅游的发展壮大正是建立在红色文化创意的基础上，从一部经典京剧到一个知名景区，从一个创意符号到一个实体产业，沙家浜景区的创办和转变依赖于沙家浜带有"抗战"和"文革"两重的红色文化背景，这也是沙家浜旅游在全国红色旅游景区中脱颖而出、知名度较大的直接原因。占地 5000 亩的江苏常熟沙家浜旅游景区，是全国百家红色旅游经典景区、国家 4A 级旅游区、国家城市湿地公园、全国爱国主义教育示范基地，并入选全国 30 条红色旅游精品线和全国 123 个红色旅游经典景区。近年来，沙家浜红色旅游地已形成一批人文与自然相结合的景点，如革命传统教育区、红石民俗文化村、国防教育园、芦苇迷宫、水上休闲活动区、横泾老街影视基地、美食购物区等功

能区域,以及竹林幽径、阡陌苇香、柳堤闻浪、隐湖问渔、双莲水暖等景观区域。沙家浜所在的常熟市2010年接待海内外游客1574万人次,旅游总收入203亿元,在全国同类城市中名列前茅。

现代京剧《沙家浜》一度在全国唱响,反响强烈,成为妇孺皆知、家喻户晓点经典戏曲剧目。常熟市政府格外珍惜这一宝贵的历史遗产和巨大的品牌价值,积极开发其商业价值,打造旅游产品,并斥巨资注册了近百个各类商标,如"沙家浜""阿庆嫂"等,牢牢控制了品牌的所有权,推动了品牌效应的实现。近几年,沙家浜采取措施,通过自建影视基地,修建"春来茶馆",恢复"后方医院""印刷所""修枪所"等遗址,建造沙家浜烈士纪念碑、沙家浜革命烈士展览室等,扩大了红色旅游的承载力,加大了红色景点的可视性,增强对各地游客的吸引力。

(二)依托影视,开发红色旅游

红军不怕远征难,万水千山只等闲。
五岭逶迤腾细浪,乌蒙磅礴走泥丸。
金沙水拍云崖暖,大渡桥横铁索寒。
更喜岷山千里雪,三军过后尽开颜。

毛泽东的《七律·长征》既表现出了红军长征所经历的千难万险,又把红军为了实现北上抗日的革命理想排除一切障碍、不怕牺牲的崇高精神叙述到极致,达到了内容和形式的完美统一,可谓千古绝唱。除了入选中学课本之外,无论是作为大型音乐舞蹈史诗《东方红》中的选曲,还是成为广为传唱的红色歌曲,或是作为电视连续剧《长征》的主题曲,它都一次次在人们的心目中留下了深刻的印记。

新落成的红军长征主题博览城位于亚洲最大的影视拍摄基地——浙江横店影视试验园区内。横店红军长征博览城是我国规模最大的以红军二万五千里长征为主题的特大型综合性景观。集中展示了红军长征时期沿途各种景观,让游客体验长征重大事件和重大战役以及红军将士英勇业绩为主要内容,集红色旅游、传统教育、团队拓展、休闲娱乐与军事题材影视拍摄等多功能于一体,占地面积9000余亩,再现长征历史原貌的重要会议会址、重大战役遗址等40余处,各色建筑170多幢,沿途设有红军长征经过的江河、山川、村寨等20多处,浓缩再现了红军艰难曲折的长征场景。该博览会城是典型的将影视文化、长征历史以及科普知识融合的独特文化景观。

该景区以《红军长征追踪》记叙的景观为主线,采用资料和实物陈列展示的方式，按长征重要事件发生的先后时间顺序，精选建造了重现历史原貌的重要会议场所、重大事件及重大战役遗址等大大小小 40 余个景点，浓缩再现了漫长曲折的长征历史。能够让游客得到身临其境的体验。这座以体验长征文化为特色的主题公园，能让参观者身临其境地体验（突破四道封锁线、湘江之战全景演示、飞夺泸定桥、遵义会址、爬雪山、过草地等）红军长征的全过程。参观者既可乘车沿长约 10 公里的环山公路参观游览，也可沿着约 14 余公里的"长征"步行道体验"长征"的艰难险阻，继承和弘扬红军长征精神。

五、地方红色旅游与社区参与的协同发展

（一）红色旅游与社区参与的协同发展原则

对于红色社区参与旅游的模式构建而言，要明确必要的原则，具体如下：

社区居民是红色社区参与旅游的核心力量和主体。社区居民的参与对于提高红色旅游质量、保护革命老区的生态环境、实现红色旅游可持续发展战略至关重要。另外，社区居民参与不仅是红色旅游可持续发展的需要，也是革命老区自身发展的需要，更是红色旅游发展"富民""惠民"的需要。在红色旅游开发中，社区会因基础设施的改善、经济社会效益的提高而得到各个方面的发展，社区居民也会成为最大的受惠者，革命老区的农民群体也会不同程度地获得一些收益。之所以强调社区作为红色旅游发展的主体，根本目的在于使社区居民在面对现代主流文化的冲击时，既能够保持本社区的红色文化资源优势，又能实现经济发展物质总量的提高，从而逐渐融入主流社会，最终实现红色旅游发展的整体目标与革命老区目标的一致，真正实现红色旅游开发的"以人为本"。

政府实施"有限主导"。红色旅游产业的跨行业、跨部门的复杂性以及巨大的基础设施的投入均需要政府的力量，为此红色社区参与旅游的发展离不开政府的干预。但是，政府的干预需要明确的是干预什么、何时干预、干预的程度及以何种方式干预，即政府在红色社区参与旅游的发展中不是主导一切的无限主导，而是"有限主导"。为此，地方政府在红色社区参与旅游中要摆正自己的角色。首先，做好红色旅游社区参与规范制定者的角色；其次，摆脱经营者的角色；再次，充当好利益相关者的协调者。

企业获得合理利益，担负起应有的社会责任。对于外来企业或承包商而言，进入革命老区从事红色旅游经营，其根本目的是获得经济收益，这无可厚非。但是这些企业要意识到自己与社区是互惠互利的利益共同体。因为，旅游企业不同于一般的企业，一般的企业如果投资地区出现投资环境不好、社区劳动力

费用高、社区抵制等问题，较为容易地流动到其他地区。而旅游企业无法流动，他们的资金只有结合当地社区的红色旅游资源才能产生经济效益。为此，外来企业或承包商要想在革命老区通过开发红色旅游的形式获得经济收益，必须得到社区的支持和配合。因此，企业在获得合理利益的同时，也要承担起维护社区利益、支持社区参与红色旅游、保护资源环境等社会责任。

NGO（非政府组织）等第三方力量起到应有的监督和扶助作用。对于革命老区的红色旅游发展而言，要积极发挥NGO等第三方的力量。首先，NGO等组织借助本身的技术、经营和管理优势，可以培育和提升社区的能力。其次，NGO等组织借助自身的外部社会关系可以为红色社区旅游的发展提供资金、信贷等帮助。最后，NGO等第三方力量可以凭借自己的独立地位，对政府政策、措施等的制定和实施进行监督，以维护公平正义的经营环境和扶助相对弱势的社区。

（二）红色社区参与旅游模式的构建

根据井冈山草坪村、大井村、上井村、荆竹山村等若干红色社区参与旅游的特点和现状，结合红色旅游社区参与的利益相关者和红色社区参与旅游模式的原则，借鉴西方的参与理论与实践，立足于中国红色社区旅游开发现实，构建起红色社区参与旅游模式，以促进红色社区参与旅游的跨越式发展。现将红色社区参与旅游的有效模式构建如下（图4-5-1）。

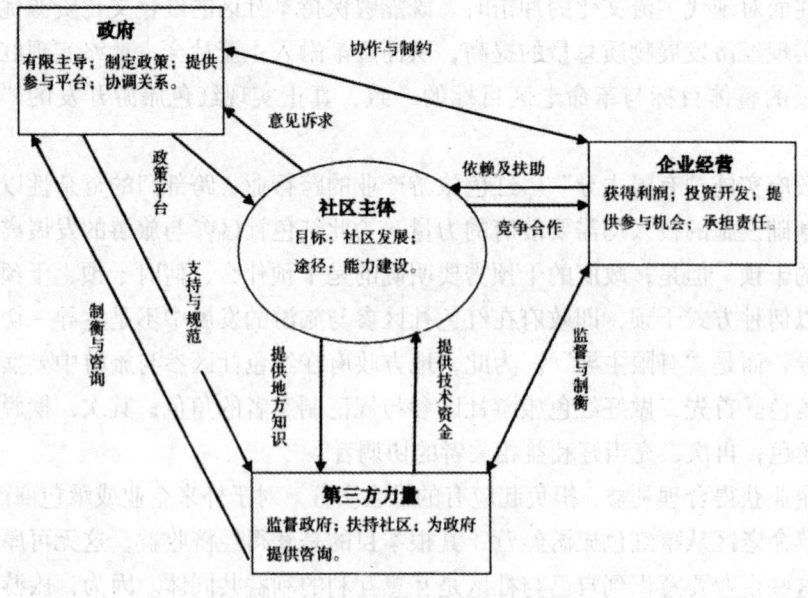

图4-5-1　红色社区参与旅游模式

该模式的基本结构为:"政府有限主导+社区主体+企业经营+第三方力量"。其中,第三方力量视革命老区红色旅游社区的实际情况而定,如果存在NGO等第三方力量,则发挥其积极效应;如果不存在,则创造条件积极发展和引入NGO等第三方力量。结构中的各个部分密切相关。社区处于整个模式的"核心",政府、企业和第三方力量进入红色旅游社区均离不开社区的支持,否则将无所作为。政府"有限主导"的范围包括社区、企业和第三方力量,如果忽视了社区的主体地位,则政府和企业必将陷入被动状态。企业的进入对于红色社区旅游的发展至关重要,在获得合理利润的同时,要为当地红色旅游社区的发展提供参与机会、承担社会责任、投资旅游开发等。第三方力量介入后,可以监督政府和企业、扶助弱势社区、为政府提供咨询。总之,该模式涉及的利益相关者主要包括社区、政府、企业和第三方力量,各利益相关者之间有着错综复杂的关系,通过互相支持与制衡,共同将红色社区参与旅游落到实处。

六、地方红色旅游与企业的协同发展

企事业单位是红色旅游和红色文化发展中的主体,要充分发挥企事业单位的主人翁作用,调动企事业单位的积极性和主动性,并加强对从业人员的培训,提升红色旅游的品质。

(一)促进红色旅游产品多样性,创新红色文化宣传的形式

1. 开发多样化的红色旅游产品

首先,各地区应该在尊重历史事实的基础上,依据本地区红色资源的特点,在景区的建筑风格、产品开发以及路线设计方面凸显地方特色。其次,设计满足不同消费者需求的个性化和多层次的旅游产品。红色旅游需求越来越追求个性化,要针对不同的消费群体开发不同形式的旅游产品。针对学生群体,增加解说性、知识灌输性红色旅游产品的开发;针对老年群体,开发教育与休闲相结合的慢节奏旅游产品。最后,加强参与性、体验性红色旅游产品的开发,增加红色文化的感染力度。

2. 创新红色文化的宣传方式

在红色文化的宣传方式上,旅游企业应多形式、多渠道地展现红色文化。首先,借助现代科技,创新红色文化的传播途径。我们处在一个信息化的时代,现代科技日新月异,但目前大部分景区对红色文化的展示方式还停留在橱窗、纸质海报等传统的传播途径上,这显然与"互联网+"时代的发展节奏不协调。旅游企业应利用"互联网+"的方式,将传奇的革命历史故事有效传播给旅游者。

其次，创新红色文化的展示形式，让红色文化动起来。通过采用一些高新的科技手段如声、光、电等，让红色文化的遗存由原来的静态展览陈列方式，变成动态的立体多维或互动展示等活动形式。

（二）优化红色旅游质量，多方位拓展红色文化宣传的深度

1. 重视导游员在红色文化宣传中的作用

首先，红色旅游的健康发展离不开每位从业人员的努力，导游员的素质高低直接影响着红色文化宣传的效果，导游员是红色文化宣传的终端，是直接与旅游者接触的工作人员。旅游者所获取的旅游知识很大一部分来源于导游员的讲解，导游员的正确宣传和引导，直接影响着游客对红色文化认知的广度和深度。旅游企业要重视导游员在红色旅游工作中的重要作用，定期对导游员进行红色文化知识的培训和管理，不断提升导游员的政治素质，使从事红色旅游工作的导游员思想过硬，从而提高导游员讲解的严肃性和导向性。不断提升导游员的文化素质，让他们能够对历史素材吃得透、说得全、讲得深，做红色文化的"播种机"和"扩音器"。全面提升导游员讲解的全面性和准确性，不断提升导游员的服务技能，提高导游员服务水平和讲解的生动性。

其次，调动导游员宣传红色文化的积极性。导游员讲解员是连接红色旅游景区和旅游者的桥梁，是引导人们了解革命历史，增长知识，学习和培育红色精神、传承红色文化的导师。积极主动的工作情绪决定着工作的效果，旅游企业要从精神和物质两方面调动导游员宣传红色文化的积极性和主动性。只有通过相应的激励政策调动导游员服务的热情以及对红色文化工作的热爱，才能使导游员工作的引导性、知识性和生动性得到保证。

2. 深挖红色资源的内涵

挖掘红色旅游内涵，不仅是打造地方特色、避免与其他景区旅游产品雷同的重要途径，同时也是提高红色旅游质量，深入宣传红色文化的依托。红色文化的宣传不能只限于表面，这也要求对红色资源进行开发时，不能仅限于表面，要深挖红色资源的内涵。一方面，在尊重历史的基础上，对本地的红色资源深入挖掘，对革命历史故事不能只局限于对事件的认识和了解，还应该结合当时全国的革命形势来理解，放在全国乃至全球形势下去分析，放在对今天生活的影响中去考量，给出科学全面的判断，为公众提供科学全面的引导。另一方面，多渠道丰富红色旅游资源，通过查阅资料，走访在世的革命老军人、老战士，征集更多当地与革命历史相关的故事、遗存遗物等，进一步丰富当地的红色旅

游资源，提升红色文化的内容。

（三）创新营销模式，多渠道开展红色文化宣传

1. 红色旅游与其他旅游主题相结合

首先，红色旅游与实践教学相结合。红色旅游本身肩负着爱国主义教育的任务，青少年是爱国主义教育的主要对象，红色旅游的经营者应当推出与实践教学相结合的红色旅游项目，与小、中、大学生的实践教学密切结合，开展针对学生群体的专门的"红色旅游＋教育"模式。其次，红色旅游与休闲度假相结合。旅游本身就是一种休闲方式，休闲度假游在当前旅游市场占有绝对的份额，将红色旅游与绿色观光度假相结合，让游客在观光度假之余接受红色教育，可以在很大程度上扩大红色旅游市场。最后，红色旅游与会议旅游、奖励旅游等相结合。总之，开展红色旅游既要能引进来，也要能走出去，变被动为主动，开展针对性强的红色旅游产品，扩大红色旅游客源。

2. 制定科学合理的价格体系

红色旅游的经营者应采取保本微利的定价策略。红色旅游产品的定价除了考虑经济要素外，还要重点考虑政治和文化要素，定价过高对红色旅游市场的开发以及长远发展都不利。红色旅游市场的定位应该是广大人民群众，而不是高端游客。国家发展红色旅游的初衷是要让红色旅游成为大众旅游，因此，旅游企业在对红色旅游产品定价时，应采取保本微利的策略，实现"薄利多销"，使红色文化得到广泛宣传。

第五章 地方红色旅游可持续发展的策略

地方红色旅游对推动我国社会主义事业的全面发展有积极的作用，为此保障地方红色旅游的可持续发展显得尤为重要。对此本章从重构红色旅游解说系统、加快红色旅游产品创新、加强红色文化资源育人保障体系的构建以及红色旅游资源保护体系建设四个方面展开深入论述。

第一节 重构红色旅游解说系统

一、红色旅游解说系统的构成

根据提供信息的方式将旅游解说系统分为自导型和向导型两种，自导型系统主要是依靠电子辅助系统、标志标识等完成，当前流行的虚拟现实（VR）技术适合应用于自导型解说系统中；向导型解说系统则是由人辅助完成解说工作的，当然，工作人员需要通过环境、景物等辅助衬托才能更好地完成解说工作。根据解说系统的流程，解说系统由解说员、受众、解说信息、解说设施等组成，可以将解说系统称为解说链，它由供给方、需求方、解说媒介和解说环境组成，解说环境能够提升游客对解说系统的满意度，提高游客体验。

二、红色旅游解说系统创新方向

红色旅游解说系统具有教育和服务的重要功能，对于提升红色旅游目的地或景区吸引力具有重要作用。面对年轻化、科技化和文化多元化等发展趋势，红色旅游解说系统要注重历史性与通俗性、专业性与趣味性、实用性与教育性相结合，从解说员、受众、解说信息、解说设施等方面进行系统创新。

第一，在红色旅游解说队伍建设上，要加强对解说员的红色理念教育，加强历史文化教育和核心价值观教育，要发动更广泛的社会力量参与到红色旅游解说队伍中来，发动中小学生成为讲解员志愿者，引导更多企业家、知识分子、海外华人华侨、外国友人争做一天（一周、一月）讲解员，招聘更多革命先烈后代作为解说员，提高革命传统讲解的艺术性、真实性、情感性，重点在革命歌曲演唱、乐器、舞蹈、朗诵等方面选取一批人才担任讲解员。

第二，要实行红色旅游景区分类管理，将景区分为庄严肃穆的民族苦难记忆类（如中国人民抗日战争纪念馆）、民族自豪感强的走向胜利类（如西柏坡、延安系列景区）、寓教于乐的伟人成长类（如韶山毛泽东故居景区）、改革开放伟大成果类、艰苦奋斗类、伟大复兴时代的创业创新类等。

第三，要根据旅游体验差异，针对青少年、老年人、企业家、国外游客等人群设计不同的解说系统。红色景区要针对不同年龄段进行分级，对面向少年儿童的场所，暴力、恐怖等场景的展示要进行适当处理。对企业家、知识分子等社会精英人士则要在深入挖掘历史资料基础上，寻求革命传统教育与职业发展的密切结合点进行解说。对中国港澳台和国外游客则要从解说内容、解说方式和解说技巧等方面用他们乐于接受和能够理解的方式进行重构。

第四，在红色旅游解说媒介方面，要善于利用场景设计，注重用体验性强、代入感强的情景式解说传递红色信息。可参考迪士尼主题公园中的项目设计方式，在条件合适的景区，用实景体验模式去解说，比如延安1938主题街区、井冈山斗争全景画声光电演示馆，提高用户体验。

第五，要积极寻找红色文化与美食、体育、科技、动漫、网络游戏等的结合点，以现代性、时尚性、趣味性等方式向青少年传播主流价值观。注重虚拟现实技术在红色旅游解说设施、红色旅游景区中的应用，用最新科技支撑革命传统教育、红色旅游体验，使游客在寓教于乐中接受爱国主义的洗礼。

第二节 创新红色旅游产品

一、丰富红色旅游活动内容

要加强配套设施的建设，实现旅游形式的多样化，改良古板的说教方式，尽可能增加一些体验性、参与性的项目，使红色旅游贴近人们的生活，且尽量在保持红色旅游原汁原味的基础上，与本地的生态旅游结合起来，全方位地满足人民的需求，以此来扩大景区的目标群体，提升游客在红色景区的消费水平，从而，促进景区经济的发展。

结合社会主义核心价值观和中国梦，举办参与性强的红色旅游系列活动。

深入挖掘红色文化内涵，加大研学、养生、商务、亲子等主题旅游线路开发力度。

二、创新红色旅游体验方式

融合时尚、科技等当今社会流行元素，用体验式、参与性强的方式打造红色旅游产品，如韶山《中国出了个毛泽东》大型实景演出、延安1938街区等旅游项目创新方式，让观众能够有确切代入感，形成体验性强、情感认同度高、身心能够得到震撼的旅游体验方式。

借助现代科技和网络媒介发展来扩大红色文化的影响力。具体来说，就是利用多媒体设施来再现光影中的历史情境等，动态化的展陈方式活跃了红色资源的传播力度，在实在的内容和艺术性的外壳等方面实现创新。红色旅游的特质不仅在于休闲旅游，更是思想感召，其情绪能给人深刻的教育意义，如通过放映电影、录像来帮助人们了解历史，利用背景音乐来烘托气氛，使人们产生身临其境的感觉，增强感染力。同时，红色旅游地区旅游管理部门还应当建立或者完善红色旅游网络展示数据库，利用受众广泛的微信公众号和微博、博客、微视频等营销渠道来有针对性地推广红色旅游信息，在潜移默化中使旅游者产生对红色文化的价值认同，从而实现有效的营销。

三、提升红色旅游融合程度

加快红色旅游与农业、工业、航天、影视、文创等产业融合的范围和层次，打造集教育、休闲、体验等为一体新旅游业态，满足青少年、老年人、机关干部、企业家、农民、工人、知识分子等不同年龄、职业、阶层人员的需求，形成符合现代人需求和旅游产业发展规律的旅游产品。

四、红色旅游特色商品开发

（一）红色旅游特色商品的含义

红色旅游特色商品是指旅游者在红色旅游地购买，并在途中使用、消费或者携带回使用、赠送、收藏的，具有强烈红色文化信息和纪念性的以物质形态存在的实物。主要有工艺美术品、文物及仿制品、风味土特产、旅游纪念品、旅游日用品、具有地方特色的轻工业产品，其他旅游商品如食品茶叶、服装丝绸、陶器瓷器、字画等。纪念性、艺术性、实用性、收藏性等是红色旅游商品应具备的基本特征。目前我国红色旅游蓬勃发展，但红色旅游景区出售的商品却基本仍以传统工艺品、食品和纪念品为主，与其他类型的旅游区相比，缺乏独具特色的优质红色旅游商品。

（二）红色旅游特色商品开发的原则

1. 针对游客消费特点，开发特色商品

研究主要客源的消费特点，了解红色旅游者不同的需求和心理，有针对性地开发红色旅游区特色商品。目前我国"红色旅游"的客源主要有三个方面：一是为接受思想教育的集体考察，形式多为公费旅游，对象是中青年干部；二是为接受传统教育，传承革命精神的学习团体，对象以青少年学生为主；三是一些经历过革命与建设年代的离退休老干部。其中前两个方面的客源数量大、旅游参与积极性高、购物潜力大，是值得重点研究的需求对象。

2. 结合景区不同特点，加强体验式开发

红色旅游商品的开发必须注重创新。为避免在全国范围内出现低水平重复开发的局面，应根据各红色旅游景区的不同特点，采取灵活的经营模式，将红色文化资源与其他资源如草、木、泥、竹、石、矿、布、水等结合起来，重点推出能带给游客不同体验的红色旅游特色商品。如开设靶场、弹壳制作玩具模型、编织手工艺品、制作风味食品等，容易激起游客参与的欲望。

3. 坚持红色文化本色，开发与景点匹配的商品

红色旅游的价值在于寓教于游，使游客了解历史、陶冶情操，并促进革命老区的经济发展。但个别地区的一些开发者为了达到纯商业目的，篡改甚至践踏革命精神。如在农民运动讲习所里销售麻将桌，遵义的餐馆出现了所谓的"长征文化套餐"，一道菜"一渡赤水"即红烧鲢鱼。这些缺乏历史严肃性的"创意"，虽短期内能产生一定的经济效益，但由于其丧失了红色文化的本色，是不利于长远发展的。

（三）红色旅游特色商品开发策略

1. 重点推出弘扬主题的商品

红色旅游区特色商品必须与"红色旅游主题"相吻合。我国红色旅游资源分布广数量多，各地都有独具内涵的代表人物、文物和事件，可以形成各具特色的旅游主题。

2. 积极开发不同用途的商品

目前一些景区出售的红色旅游特色商品，大多局限于手工艺品和小纪念品，还可以延伸到日用品、旅游用品及文化艺术产品等各个方面，如红色系列食品、酒饮、服装、鞋袜、箱包、玩具、装饰品以及书籍、书法、绘画等美术藏品。

3. 开发和出售限购的商品

要避免各景区商品雷同，可设立专营商店销售。那些最能体现红色旅游景区、景点特征的特色旅游商品，可限制购买，如规定只有具备某种旅游经历之后方可允许购买某项旅游纪念品。

4. 开发有利于身心健康的商品

红色旅游目的在于使游客净化灵魂、锻炼体魄。红色旅游区特色商品的开发必须依据这一目的，例如，结合"重走长征路""战地重游""伟人足迹游"等活动，开发既能反映当年时代特色，又有利于现代都市人放松身心，亲近自然的产品。

5. 借助外力开发创新商品

我国很多红色旅游资源分布在"老、少、边、穷"地区，往往缺乏相应的特色商品研究和开发能力，因此要广借外力。如在资金筹措方面，广泛动员社会力量，实施各项优惠政策，拓宽融资渠道；在人力、技术方面，可采取技术合作或委托生产的方式寻求大型企业的支持；在样本设计方面，可以通过各种奖励形式面向广大社会特别是大、中、小学生征集稿件，人们对于自己参与设计的商品往往会产生较强的购买冲动。

6. 培育红色旅游商品品牌

红色旅游商品的品牌建设非常重要。过去我国旅游商品品牌意识淡薄，一些小规模的生产企业，往往盲目地模仿，导致一些低成本、大批量却缺乏特色，甚至粗制滥造的工艺品、纪念品充斥国内旅游市场。为改变这一现状，可通过来料加工等方式，制造一批既精美独特、品质过硬又具有纪念性、感染力、亲和力和吸引力的红色旅游名牌精品。

第三节 构建红色文化资源育人保障体系

一、设立红色文化资源育人的专业指导机构

高校红色文化资源育人的专业指导机构分为关于红色文化资源本体的专业性研究机构和开展育人实践的指导机构两大组成部分。高校红色文化资源的专业性研究机构发挥着明确和凝练红色文化资源的具体研究方向、聚合相关研究领域内的人才资源、打造红色文化资源的"品牌"等功能。而设立开展育人实践的指导机构，其功能是关注和研究大学生接受心理的发展趋势，因地制宜地

拓宽育人平台。通俗地说，前者能够助力丰富红色文化资源育人的素材，解决"用什么育人"这个问题；后者能够助力创新红色文化资源育人的形式，解决"怎么育人"的问题。内容与途径，缺一不可。

（一）成立关于红色文化资源本体的研究机构

新时代的大学生思维活跃，能够在选择和排斥教学内容的过程中积极地发挥主观能动性。因此，无论采用何种理论教育途径，都必须结合大学生的心理走势，采用迎合社会发展主题且"传唱度"高的红色文化资源，以期占据大学生的心理"高地"。高校应按照横向和纵向相结合的模式，以红色历史发展的时间脉络和主题建构起红色文化资源育人的"内容库"，育人主体秉持"内容为王"的原则开展形式多样的育人实践。避免红色文化资源育人"失语"的前提之一不仅是"有话可讲"，更是"有新话可讲"。所幸，红色文化资源的历史性与时代性特征解决了这个问题。从育人的角度来考量，成立关于红色文化资源本体的研究机构，目的就是为红色文化资源育人提供"可述"的内容。

首先，成立红色精神研究所。红色精神是党领导人民群众在革命、建设和改革时期求索和追寻的政治信仰、理论知识、价值取向和道德观念等内容。它是对红色文化内核的高度凝练，也是红色文化资源的核心元素。红色精神研究所应致力于把党在历史发展进程中形成的各种红色精神的产生背景、内涵、特征、价值等众多范畴研究透彻，全面立体化地充实育人内容。此外，研究人员要站在时代发展的浪尖上，及时把握和深入了解社会发展过程中涌现出来的国内重大事件、新时代英模人物的感人事迹，以高度的理论自觉凝练出新时代的红色精神，如抗击疫情精神、卫国戍边精神等，为红色文化资源育人增添时代的气息和吸引力。当前，不少高校依托地理区位、研究传统等优势因素，成立了丰富多样的红色精神研究所，如井冈山大学成立的"井冈山精神研究所"、湘潭大学成立的"毛泽东思想研究中心"、龙岩学院成立的"古田会议精神研究所"、江西科技师范大学成立的"八一精神研究中心"等，它们都是红色精神研究这个整体中不可或缺的组成部分。虽然不同时代和不同地区诞生的红色精神所具有的区域局限性色彩让红色文化资源的理论研究披上了个性的"外衣"，但高校之间频繁开展的线上线下红色学术交流活动，能够促进彼此间的互通有无、合作共进，最终形成一股全国上下研究红色精神的浪潮。

其次，成立红色历史研究室。因为国外社会思潮不间断涌入以及网络新媒体技术的迅猛发展而对我国的意识形态教育面临严峻挑战。历史观教育是意识形态教育的重要组成部分，能够为大学生树立马克思主义信仰、坚定中国特色社会主义信念提供真实的史料佐证,是教育大学生明辨是非,抵制各种错误思潮的有效手段。红色文化资源记载的是党的光辉奋斗史,利用其开展的育人实践自然是党史、共和国史教育的重要组成部分。红色历史研究室的作用有二:一则能够深化红色史实研究的细致程度,将更多鲜为人知却又意义深远的红色历史"曝光"在大学生的视野之中,让更多拥有情感厚度的红色史实融入课堂的理论教学之中,丰富课堂教学的趣味性,进一步调动大学生认知红色文化资源的积极性;二则能够在正本清源中抵御历史虚无主义对大学生的侵蚀。红色史实能够充当抵抗历史虚无主义的有力武器,每一位令人肃然起敬的红色历史人物、每一桩感人至深的红色历史事迹,都昭示着社会主义艰难探索的历程。部分高校在红色史实的挖掘方面进行了探索,如贵州师范大学成立的"红军文化及红色旅游研究所"集中了马克思主义学院、历史与政治学院、文学院、国际旅游文化学院、音乐学院等相关教学部门对红军史、长征史、红军题材的文学艺术作品等进行研究,以此来丰富教学、繁荣学术,在充实育人素材的同时实现了高校教科成果的社会转化,同时增加了贵州旅游的人文内涵。学校同时也结合了红色历史的相关研究成果拓宽了育人的途径,如积极开展红色题材文学、音乐、美术等的创作。

(二)积极发挥育人实践指导机构的功效

红色文化资源育人的实践指导机构承担着育人路径的创新、育人结果的评价、育人要素的整合等功能,其核心功能在于拓宽育人的路径,如打造红色文化资源育人的特色平台、拓展红色文化资源育人的校内外实践基地等。从打造红色文化资源育人的特色平台来看,主要可以从以下两个方面努力。

第一,开展红色文化资源的学术讲堂。学术讲堂邀请的是在红色文化相关领域具有较深造诣的知名学者、专家教授,他们的理论研究功底强,话语传递能力突出,能够很好地渲染课堂气氛,让参与者在饶有兴趣的聆听中开阔视野,增长知识。在日常的红色文化资源育人过程中,大学生面对的几乎都是校内的教师资源,在一定程度上降低了大学生接受教育的新鲜感,尤其是个人魅力不够突出的育人主体,会加速育人成效流失的步伐。开展学术讲堂能够弥补校内理论教学缺乏生机的现状,为理论教育增添新的氧分。可以定期开展学术讲堂并做好预告,给大学生留下充足的时间去搜索相关资料、提前展开思考,做到在现场互动时游刃有余并有所收获。第二,打造规格较高的红色精神研讨会和红色文化资源学术论坛。与学术讲堂有所不同,无论是学术研讨会还是论坛,对参与者的学术能力都有较高的要求，比较适合大学生群体中对红色文化资源有着浓厚研究兴趣的那部分人。经过不定期的红色学术熏陶，能够助力大学生群体中"红色意见领袖"的培养，发挥引导舆论走向，利用同辈优势影响大学生思想及行为的作用。

从拓宽红色文化资源育人的校内外实践基地来看，可以作以下努力。第一，高校应积极与红色文化资源丰富的地区合作，打造革命传统教育基地。俗话说，百闻不如一见。课堂理论教学始终只能让红色文化资源在大学生头脑中形成表层的认知，而要将这些听来的抽象知识内化成思维意识的稳定组成部分，就需要借助实践来完成。参观伟人故居、战斗和会议遗址，拜谒革命烈士纪念馆/碑/塔，都能够让大学生在身临其境中展开对红色文化资源的思索。高校还可以尝试打造"现场教育活课堂"，让实践教育与理论教育达到时空的统一。育人主体根据实践基地的红色内涵和校内思政课程的教学内容选定实践教学的主题。例如，在"南泥湾革命旧址"开展"自己动手、丰衣足食"的革命乐观主义精神教育；在"遵义会议旧址"讲长征精神等。第二，打造红色经典艺术教育基地。文艺对年轻人吸引力最大，影响也最大。红色文化资源相关文艺作品的创作来源于真实的历史事件，因此具有较高的现实关怀性和感染力，更容易激发大学生内心的情感共鸣，助力他们领悟人生的真谛。全民泛娱乐化时代，生动形象的红色艺术作品是大学生喜闻乐见的，这些红色作品能够寓教于乐，在大学生欢乐中启迪心智。红色艺术创作必须以史实为根基，不能歪曲、丑化红色历史人物以及历史事件，要实事求是地创造出大学生乐于接受的红色文艺作品。此外，打造红色经典艺术教育基地，需要依托一定的校内资源，离不开音乐、美术等艺术学院师生的大力支持，他们能够为红色艺术创作提供技术上的指导。

二、健全红色文化资源育人的制度保障

（一）更新和完善高校红色文化资源育人的运行机制

高校红色文化资源育人是一项系统性的工程，内部要素诸多且复杂，只有系统内的诸要素相互协调、彼此配合并在此基础上建立起行之有效的运行机制，才能够保障红色文化资源育人实践的顺利开展。第一，高校应加强红色文化资源育人的顶层设计，为红色文化资源育人绘制蓝图、指明方向。健全的领导和管理机制，是红色文化资源取得育人成效的前提和基础。新中国成立以来，党的历任领导集体对于如何利用革命文化、红色文化资源进行资政育人以及传承

好红色基因进行了积极有益的探索，逐渐形成了具有中国特色的红色文化资源传播体系和领导体制。例如，依托党委领导下的校长负责制，助力形成党、政、工、团分工负责又齐抓共管的红色文化资源育人大格局。明确红色文化资源育人的牵头部门，可以考虑让马克思主义学院担任教学的牵头部门，宣传部门作为业务指导部门。学工处、团委、教务处、图书馆、校博物馆等职能单位作为主要参与部门积极配合育人实践的开展，为其提供便利。但各个部门所承担的职责一定要明确，防止推诿扯皮现象的产生。第二，应发挥好群团组织传播红色文化资源的积极作用。共青团、学生会以及各种学生社团是传播红色文化资源的得力"助手"，充分调动群团组织的工作积极性，既有利于把红色文化资源传播并渗透至大学生日常生活的方方面面，也有利于避免红色文化资源育人"课上讲""课后停"这种"两张皮"现象的产生。高校共青团是党领导的以优秀青年教职工任领导干部，优秀大学生为构成主体的群众组织，亦是高校党委和大学生群体保持密切联系的纽带。学校党委要指导和帮助共青团认知新时代大学生的精神发展诉求，制定出切实可行的红色文化资源育人方案，充分运用各种传播媒介，开展形式多样的红色文化资源育人实践。学生会是以全心全意为同学服务为宗旨的联系党和大学生群体的群众组织。学生社团则是出于共同兴趣爱好在自愿的基础上形成的文化、艺术、学术的群众性团体。高校党委要鼓励学生会和社团积极组织开展以红色为主题的多彩文艺活动，始终注重活动开展的方向性、目的性和趣味性，并要及时总结红色文艺活动开展的经验与不足，注意提升活动的成效。如开展红色话剧节、红色演讲大赛、红色影片展播周、红色主题微电影节等等。

（二）更新和完善红色文化资源育人的激励机制

激励，就是激发、鼓励、使人精神抖擞的意思。激励包含了对行为动机的激发和对正面行为结果的鼓励等含义。从心理学的角度来看，激励指的是人在外部具体刺激因素的作用下，产生能够驱使主体朝着目标前进的强大内生动力的心理活动过程。因高校开展红色文化资源育人的过程中存在着育人主体和育人客体两个层面，所以探讨完善激励机制也应将二者区分开来。从育人主体层面来看，完善激励机制，能够充分调动育人主客体和学校相关人员共同开展红色文化资源育人的积极性、主动性和创造性，守好教学、管理、服务这三块"责任田"，助推形成协同育人的合力。从育人客体层面来看，高校应通过多种途径激励大学生学习和认知红色文化资源的兴趣，充分调动他们践行红色精神以及红色优良传统的积极性，最终使他们追求的个人发展目标与社会的需要协调一致。

三、促进红色文化资源与其他文化资源的"和合共生"

目前国内学术界对于文化资源的分类形式多样且争论不休，但大部分学者对以"文化"作为分类依据持认同的态度。有学者依据"不同主题"对文化资源进行分类，可以分为"历史文化资源""民族文化资源""民俗文化资源""宗教文化资源""红色文化资源"等。也有学者以文化资源的"获取途径"作为划分依据，分为物质实证性文化资源、文字与影响记载性文化资源、传承性文化资源。本课题这里所展望的与红色文化资源一起建构"和合共生"模式的文化资源，需要框定一下范围，便是高校可以用来开展育人铸魂实践的那部分文化资源，主要包括了历史文化资源、民族文化资源等内容。之所以想要尝试建构起红色文化资源与其他类型文化资源的"和合共生"模式，缘由如下。

第一，红色文化资源与其余类型资源的育人价值同向。无论是何种文化资源，只要被高校采用并且开展育人实践，虽然具体的育人内容会有所差异，但终极指向都绕不开为社会主义培养合格的建设者与接班人这个目标。

第二，红色文化资源与其余类型资源可以秉承求同存异的原则，相互借鉴，共同提高。无论哪种类型的文化资源，都会有其特有的时代诞生背景、内涵、特征及价值等范畴。育人主体们要本着开放的姿态，找寻不同文化资源之间内容的契合点，做到互相"捧场"，提升彼此的认知度。不同类型的文化资源，可以作为平等对话的伙伴关系，相互理解，彼此尊重，并在一种和谐相处的环境中消除误解。

第四节 建设红色旅游资源保护体系

一、红色旅游资源保护的内涵

（一）红色旅游资源保护的概念

保护的本意是尽力照顾，使自身（或他人，或其他事物）的权益不受损害；或者爱护使免受可能遇到的伤害、破坏或有害的影响。红色旅游资源的保护就是指采取切实可行的办法，对红色旅游资源进行有效的保护，以避免受到损害或破坏。

（二）红色旅游资源保护的内容

1. 对历史文化资源的保护

尊重历史，保护为主，抢救第一，参照文化遗产地的保护办法，对重要文物、遗址、文献、建筑等进行局部的、原风貌保护，修旧如旧，以适当的定位增强吸引力。

2. 对周围环境的保护

尊重自然规律，按照当地自然环境的特点，科学规划、设计开发模式，合理选择旅游线路。也就是说，要尽可能地用当地材料进行修建，道路选线、人工设施的选点要尽可能避开生态敏感区，尽可能地减少对生态环境的破坏。

3. 对民风民俗的保护

革命老区最宝贵的特色就是民风淳朴。开发过程中要想办法将其保持下去，让老区人民从简单的质朴走向自觉的高尚，尽量避免外界旅游对当地的负面影响。

4. 重视环境承载力

承载力即区域旅游资源和生态环境等诸因素在没有受到消极影响的前提下，所能接纳的最大旅游活动量，是由旅游的资源承载量、感知承载量、生态承载量、经济发展承载量和地域承载量五个基本承载量组成的。在开发利用红色旅游资源的过程中，如果为了一时的经济利益而忽视旅游承载力，必然导致对红色旅游资源的破坏。

5. 处理好资源开发利用与保护的关系

首先是保护，在开发中保护。保护是手段，利用是目的。为了达到永续利用的目的，必须在加强环境保护和环境治理的同时，提倡科学的环保旅游，通过旅游活动积累更多的资金用于资源的保护，使保护与利用双向互动，和谐统一，走自我完善、良性循环的发展轨道。

（三）红色旅游资源保护的意义

1. 保护红色旅游资源就是传承红色文化

"红色"区别于一般意义上的五光十色的历史文化，其核心是爱国主义和革命传统，这是贯穿红色旅游及其资源的主线，是红色旅游和红色旅游资源形成的前提条件。它规定了红色旅游和红色旅游资源思想的严肃性、定位的准确性、目标的坚定性和品牌的持续性。红色文化是红色旅游资源和红色旅游的核心与灵魂，红色旅游和红色旅游资源是红色文化的载体和物化形态，二者相互依存、相互推动，互现价值，互为基础。发展红色旅游主要是发挥思想教育的主功能，传承红色文化，注重社会效益。

2. 保护红色旅游资源就是促进红色旅游更好地发展

旅游具有直观性的特点。红色旅游资源是红色旅游开发和建设的对象物，是红色旅游业发展的重要依托。有关研究表明，旅游者选择目的地的行为是其对资源感应效用的函数，由此使红色旅游景点与客源地之间的引力具有鲜明的资源指向性。红色旅游纪念地及其标志物是红色旅游区不应缺少的吸引物，更是红色文化的物质载体。发展红色旅游不仅要传播革命历史文化，还要宣扬革命精神、触发人的情怀，因而要有可以凭吊、催人动情的纪念性载体，缺少了这种载体，在某种意义上就失去了感动人、激励人，让文物与游客直接对话的佳境。保护红色旅游资源是红色旅游持续发展的必要条件，也是中国共产党执政兴国的必然要求。中国革命与建设的长期性、艰苦性使红色文化资源损毁比较严重，红色旅游资源的保护更加重要。

二、红色旅游资源可持续发展的实践形态

红色旅游的发展必须跟随全球旅游业发展的时代潮流，确立生态旅游的发展模式和实践形态。

20世纪80年代中后期，随着环境意识的加强和可持续发展观念的形成，生态旅游的概念逐渐升温。"生态旅游"最初指的是以自然环境为基础的旅游，世界银行环境部和生态旅游学会给生态旅游下的定义是有目的地前往自然地区去了解环境的文化和自然历史，它不会破坏自然而且它会使当地地区从保护自然资源中得到经济收益。

一般说来，理想的生态旅游系统包括：①旅游者对游览地区具有保护意识；②当地居民在发展旅游业中充分考虑环境和文化需求；③采用一个由当地居民参与的长期规划战略，减少旅游业带来的负面影响；④培育一个有利于当地社会发展的经济体系。

发展生态旅游是人类认识自然、重新审视自我行为的必然结果，是经济发展、社会进步、环境价值的综合体现，是以良好生态环境为基础，保护环境、陶冶情操的高雅的社会经济活动。比较传统旅游活动，生态旅游的重要意义在于使游览地区的生态环境和当地的民族风俗与传统文化得到完整地保存，不至于因为旅游的开发导致当地人文、地理环境的破坏。在红色旅游区结合发展生

态旅游可以使旅游者感受到民族精神文化的震撼力，领略大自然的美丽，又使当地经济得以发展，但其原有的一切景色和文化不受丝毫破坏，为他人、为世界保留下珍贵的历史印记。在红色旅游区确立发展生态旅游理念，使许多旅游者更加关心那些生活在偏远地区人们的生活环境和生活质量及他们的文化，在产生由衷的爱国情怀的同时，也萌生尽自己所能保护环境的理性情感。

世界上许多国家都非常重视发展生态旅游，把它视为发展旅游业的主导观念。这些国家在自然和旅游资源开发中强调尊重地方文化传统，鼓励开发与当地文化相一致的旅游项目。例如，瑞典北部土著萨米人的居住地区是瑞典重要的文化旅游区，萨米人的历史、文化和独特的生产、生存方式构成主要文化旅游吸引力。瑞典政府为保护这一地区的文化旅游价值，采取严格的保护政策，限制其他现代产业的发展，将传统驯鹿业与旅游业有机结合起来，引导萨米人发展传统旅游业，萨米人也有强烈保护本民族生存方式和文化的要求，共同的努力使萨米人居住地区的文化旅游业具有典型生态旅游的特点。这是一种将民族文化传统开发和保护有机结合的成功范例，值得我们在发展红色旅游中研究借鉴。

随着社会文明的发展和人们对环境问题关注的增加，生态旅游已经在我国悄然兴起。以认识自然、欣赏自然、保护自然，不破坏其生态平衡为基础的生态旅游具有观光、度假、休养、科学考察探险和科普教育等多重功能，以自然生态景观和人文生态景观为消费客体，旅游者置身于自然、真实、完美的情景中，可以陶冶性情、净化心灵。

完整良好的生态系统，是发展生态旅游的基本条件。我国的红色旅游资源很多分布在少数民族聚居区或偏远山区，这些地方恰恰就是民风淳朴、地域文化特色鲜明、生态旅游资源和生态系统保存完好的地区。尤其是红色旅游资源都是历史悠久的革命文物，本身具有不可再生性，加之它们饱经大自然的侵蚀，大都十分脆弱，不禁折腾，在其开发和展出过程中，不折不扣地贯穿生态旅游观念就显得尤为重要。在发展红色旅游的同时结合生态旅游的发展，不仅能传承并发展民族精神文化，而且能够保护当地生态系统的平衡，从而在正确的管理和控制下，产生良好的社会效益和经济效益。

可见，在红色旅游区开发中落实生态旅游理念，不仅有利于保护我们中华民族近现代革命文化传统，保护好教育一代代建设者和接班人的红色革命资源，同时也有利于维护革命老区的原始生态平衡，真正以科学发展观为指导开发那里的资源，实现经济发展、社会发展以及文化传承等的均衡推进，留给老区人民洁净的天空、葱绿的山峦和湛蓝的湖水。

三、构建红色旅游资源保护体系

红色旅游文化资源的保护与利用是一个涉及多方面因素的系统工程，需要以可持续红色旅游发展为目标，切实提高思想认识，多管齐下，多方配合，在完善旅游资源调查评价、开发规划、管理保护、经营管理、环境保护制度体系的同时，形成一个以法律为核心，包括思想道德、宣传、教育、政策法规、社区参与等共同组成的、全天候的、完善的防护网络。

（一）完善保护体制机制

1. 加强协调管理

面对"一块蛋糕多刀切"的状况，加强协调、组织和管理，想要共同盘活红色文化资源这笔财富，就需要一个具有相应权限、能够统筹协调的组织机构，形成一个更有效的联动共建共管机制，以发挥整体优势，取得更好的效果。

2. 进行系统的资源普查

对全国红色旅游文化资源做出全面调查、评价，建立完备、系统的资源的数据库，分类纳入保护范围，克服"重古薄今"问题，制定统一的开发规划标准，特别是要从社会效益出发，将其纳入地方经济文化与社会发展规划之中。

3. 加强社区参与保护

保护体系不完善的一个重要原因就是社区参与度不够。因此必须制定切实可行、奖罚分明的地方社区参与保护红色旅游资源的法律制度，使之成为红色旅游资源保护的积极参与者，而不是旁观者甚至破坏者。

4. 建立多渠道的经费筹措机制

首先，国家和地方政府要增加相关资源的保护经费，对于一些濒临毁灭的革命文物更要优先保护；其次，要积极争取海内外关心支持红色旅游文化资源保护事业的团体和个人的捐赠；再次，要将红色旅游文化产业相关的部分收入用于红色文化资源的维修和保护；最后，在市场经济条件下，根据"谁投资谁受益"的原则，投资项目向社会零散资本作出适度开放。

（二）增强法治意识

1. 完善法规保护体系

要建立完善国家、地方以及民间的法律法规保护体系，特别是要针对一些法规盲区，补充、完善法规漏洞，如红色旅游资源的产权改革、商标保护等，尽可能早地出台红色旅游文化资源保护的单独条例，进一步完善和规范地方及民间法规，加大对革命文物以及红色旅游景点周边环境的保护力度。

2. 加强普法宣传

为了提高公民文物保护的法律意识，要广泛深入地开展《文物保护法》等相关法律法规的宣传普及活动。充分利用现代传媒的优势，开展多种形式的主题性普法活动，对宣传得力的单位、表现突出的个人、成效显著的团体或个人给予必要的物质或精神奖励，以便在社会上形成一个良好的法律保护意识氛围。

3. 加强执法力度

要真正做到"执法必严"，严格按照相关法律进行保护管理；"违法必究"，对破坏红色旅游资源的个人、单位或组织实行法律惩罚，防止徇私枉法，真正树立红色旅游文化资源保护的法制意识。

（三）采取切实可行的方法

1. 坚持正确原则和方针

必须明确坚持"有效保护、科学研究，合理利用"的原则和"保护为主、抢救第一"的方针，并要落实到具体行动中，体现在具体制度、政策上，如地方性旅游管理条例中应及时增添关于红色旅游文化资源保护的条款，对未核定的红色旅游资源应作出相关条款保护。

2. 坚持科学开发利用

在文物普查的基础上，坚持"在保护中开发，在开发中保护"的原则和"分类排队，抢修急需、保护重点、兼顾全面、修旧如旧"方针，对红色旅游文化资源进行保护性修复；在科学研究的基础上，做好文物申报和开发规划；开发之前要经过科学的可行性分析、论证，特别是要征求专家、学者的意见。

3. 运用新技术

科学技术的发展已为红色旅游文化资源的保护提供了可靠的技术支撑。采用新技术，加大对红色旅游文化资源、革命文物的修复和保管，防止自然或人为损害。

4. 注重保护的系统性

保护是一个系统，红色旅游文化资源既有物质文化形态，又有非物质文化形态；既包括革命历史文物，又包括先辈的回忆录、影像资料；就单体资源而言，也有连贯性、整体性。

5. 防止再破坏，加紧救护

要建立分工明确、责任到人的组织机构，加大对红色旅游文化资源的修复、还原和保护，采取各种有效办法，防止红色旅游文化资源的再损害。

（四）加强对非物质文化遗产抢救与保护

1. 挖掘、整理回忆性文字、影像资料

有组织地开展红色旅游文化资源的挖掘、整理工作，并作为日常性工作坚持不懈地进行；在进一步加强科研的同时，通过开展撰写回忆文章、回忆录，特别是影像、音频等现代技术手段，建立完整记录相关重大事件、人物的亲历者、见证人的音像资料馆，不断丰富地方历史文化资源。

2. 开展红色文化艺术作品创作

通过创作反映革命与建设历史文化的艺术作品，如历史演义、史话、小说、影视、绘画、书法、文艺节目等形式，再现革命与建设年代难忘的岁月，营造延续红色文化的环境和氛围。

3. 传承并活化革命精神

保护红色旅游资源、发展红色旅游的出发点和落脚点就在于加强现时政治文化建设，发展先进文化。因此，通过普及近现代历史教育及相关节庆活动唤起人们的历史记忆；通过加强包含红色文化精髓的企业、社区文化建设以及学英雄模范活动，传承红色文化，活化历史，使红色文化精神融入当代经济文化社会发展与群众生活中。

参考文献

[1] 潘君瑶. 从文化资源到文化品牌 [M]. 成都：四川大学出版社，2018.

[2] 陈燕. 全域旅游的理论与实践研究 [M]. 武汉：武汉理工大学出版社，2017.

[3] 匡翼云，刘海汀，邹卫，等. 民族文化旅游开发及其案例研究 [M]. 成都：四川大学出版社，2016.

[4] 胡小海. 区域文化资源与旅游经济耦合研究：以江苏为例 [M]. 南京：东南大学出版社，2015.

[5] 梁丽芳. 文化：旅游原动力 [M]. 成都：四川大学出版社，2015.

[6] 杨国清. 丽江文化旅游崛起解读 [M]. 昆明：云南人民出版社，2011.

[7] 瞿孝军. 关于张家界红色文化旅游资源保护与开发的思考 [J]. 沧桑，2009（02）：47-48.

[8] 刘静. 文化旅游数字化建设价值共创模式研究 [J]. 鲁东大学学报（哲学社会科学版），2021，38（4）：85-89.

[9] 朱青青. 崇信县文化旅游融合发展研究 [J]. 甘肃农业，2021（7）：62-64.

[10] 陈舒萍. 场景视域下文化旅游社区模式构建：以阿那亚文旅社区为例 [J]. 中南林业科技大学学报（社会科学版），2021，15（3）：102-110.

[11] 杨津津. 乡村茶文化旅游开发现状及发展对策 [J]. 农村农业农民，2021（7）：31-32.

[12] 陆笑笑. 文旅融合背景下文化传媒与旅游产业协同发展研究 [J]. 文化产业，2021（20）：76-77.

[13] 周炳权，耿舒畅. 民族志视角下旅大地区红色博物馆现状研究 [J]. 大众文艺，2021（8）：21-22.

[14] 李育彬. 文化自信下博物馆红色文化资源的有效整合与保护利用 [J].

中国民族博览，2021（6）：199-201.

[15] 冯瑜. 红色文化融入博物馆讲解艺术中的实践 [J]. 文物鉴定与鉴赏，2021（5）：160-162.

[16] 李翠. 标准化管理打造博物馆红色旅游新发展策略 [J]. 今古文创，2021（5）：118-119.

[17] 崔瑾瑜，张晓萍，张薇. 红色旅游文化发展对文创产品品牌建设的影响研究 [J]. 旅游纵览，2020（8）：31-32.

[18] 胡北忠，胡格格. 红色旅游产业链及其投融资探析：以贵州红色旅游开发为例 [J]. 商业会计，2020（22）：106-108.

[19] 李嘉嘉，秦珠珠，程丽. 新媒体视域下桂北红色旅游品牌建设研究 [J]. 新媒体研究，2020，6（21）：64-66.

[20] 付璐，刘警. 红色文化背景下的建筑设计：以中国人民革命军事博物馆为例 [J]. 江西建材，2020（9）：48.

[21] 郭璐. 新时代传承红色基因视域下高校党建品牌建设研究 [J]. 辽宁广播电视大学学报，2020（3）：39-43.

[22] 迟明坤. 新时代云南革命文化资源的红色旅游开发研究 [D]. 昆明：云南师范大学，2021.

[23] 都轶群. 红色文化育人功能培育研究 [D]. 大连：辽宁师范大学，2021.

[24] 杨朔. 新时代高校红色文化建设研究 [D]. 郑州：中原工学院，2021.

[25] 吕婧. 山西红色文化融入大学生爱国主义教育研究 [D]. 太原：中北大学，2021.

[26] 吴娜. 社会主义核心价值观引领红色文化创新发展研究 [D]. 南昌：南昌大学，2020.

[27] 张朔. 红色经典博物馆特色展陈设计研究 [D]. 沈阳：鲁迅美术学院，2019.

[28] 崔洁如. 井冈山革命博物馆资源在中学历史教学中的应用研究 [D]. 南昌：江西师范大学，2019.

[29] 宋述亮. "红色"文化文创产品设计探究 [D]. 重庆：重庆师范大学，2019.